> ISO27001을 중심으로

정보보안 관리체계 수립 및 인증
실무자를 위한 비법노트

목 차

1부 정보보호경영시스템구축 운영을위한 ISO27001(인증기준)의 이해와 실무 / 저자 이재호

- 저자정보 ··· 6
- 들어가며 ··· 8
- 1. 정보보호관리체계 인증 요구사항
  - 1.1 의미 ··· 10
  - 1.2 인증요구사항에 따른 관리체계 수립 절차 ·············· 11
- 2. 관리체계 수립 단계별 상세 수행 내용
  - 2.1 수행조직 구성 및 GAP분석 ······································ 14
  - 2.2 정보보호 정책수립 및 범위설정 ······························· 17
  - 2.3 경영진의 책임 및 조직 구성 ····································· 22
  - 2.4 위험관리 ·· 23
  - 2.5 정보보호대책 구현 ·· 26
  - 2.6 사후관리 ·· 27
- 3. 위험관리 상세
  - 3.1 위험관리(Risk Management) 개념 ·························· 30
  - 3.2 위험관리 프로세스 ·· 34
  - 3.3 위험분석 및 평가 기법 ·· 37
  - 3.4 위험대응 방안 및 전략 ·· 39
- 4. ISO27001 인증기준
  - 4.1 ISO27001:2013 Document 1번 (범위) ···················· 42
  - 4.2 ISO27001:2013 Document 1번 (인용규격) ············· 44
  - 4.3 ISO27001:2013 Document 3번 (용어 및 정의) ····· 45
  - 4.4 ISO27001:2013 Document 4번 (조직의 환경) ······· 46
  - 4.5 ISO27001:2013 Document 5번 (리더십) ················· 48
  - 4.6 ISO27001:2013 Document 6번 (계획) ····················· 50
  - 4.7 ISO27001:2013 Document 7번 (지원) ····················· 53
  - 4.8 ISO27001:2013 Document 8번 (운영) ····················· 56
  - 4.9 ISO27001:2013 Document 9번 (성과평가) ············· 58
  - 4.10 ISO27001:2013 Document 10번 (개선) ················· 60

2부 정보보호경영시스템구축 운영을위한 ISO27002(통제항목)의 이해와 실무 / 저자 권재욱

- 저자정보 ··· 64
- 들어가며 ··· 66
- 5. 정보보호 정책
  - 5.1 정보보호를 위한 경영 방침 ······································· 68
- 6. 정보보호 조직
  - 6.1 내부 조직 ··· 70
  - 6.2 모바일 기기 및 원격근무 ··· 73
- 7. 인적 자원 보안
  - 7.1 고용 전 ··· 76
  - 7.2 고용 중 ··· 78
  - 7.3 고용 종료 및 직무 변경 ··· 81

- 8. 자산 관리
    - 8.1 자산에 대한 책임 82
    - 8.2 정보 등급 분류 85
    - 8.3 매체 취급 88
- 9. 접근통제
    - 9.1 접근통제 업무 요구사항 90
    - 9.2 사용자 접근관리 92
    - 9.3 사용자 책임 96
    - 9.4 시스템 및 애플리케이션 접근통제 97
- 10. 암호화
    - 10.1 암호통제 102
- 11. 물리적 및 환경즈 보안
    - 11.1 보안 구역 106
    - 11.2 장비 110
- 12. 운영 보안
    - 12.1 운영 절차 및 책임 116
    - 12.2 악성코드 방지 120
    - 12.3 백업 122
    - 12.4 로그 기록 및 모¬터링 123
    - 12.5 운영 소프트웨어 통제 126
    - 12.6 기술적 취약점 관리 127
    - 12.7 정보시스템 감사 고려사항 129
- 13. 통신 보안
    - 13.1 네트워크 보안관리 130
    - 13.2 정보 전송 133
- 14. 시스템 도입, 개발, 유지보수
    - 14.1 정보시스템 보안 요구사항 138
    - 14.2 개발 및 지원 프로세스 보안 141
    - 14.3 시험 데이터 147
- 15. 공급자 관계
    - 15.1 공급자 관계 정브보호 148
    - 15.2 공급자 서비스 전달관리 152
- 16. 정보보호 사고 관리
    - 16.1 정보보호 사고 관리 및 개선 154
- 17. 업무연속성 관리의 정보보호 측면
    - 17.1 정보보호 연속성 160
    - 17.2 이중화 163
- 18. 준거성
    - 18.1 법적 및 계약 요구사항 준수 164
    - 18.2 정보보호 검토 168

정보보호경영시스템구축 운영을위한
ISO27002(인증기준)의 이해

저자정보

저자 이재호

- 이학박사(정보보호전공)
- (현)에이써티인증원 수석 심사원 및 연수기관 전문강사
- (현)제이앤리 대표이사
- (현)서울디지털대학교 컴퓨터공학과 초빙교수
- K사 등 100여개 기업/기관 정보보호컨설팅
- 국가사이버안전훈련센터 웹 취약점 강의
- ISMS-P선임심사원
- ISO9001/27001/27017/27018/27701/27799 선임심사원
- 소프트웨어 보안약점 진단원
- 정보통신망법 및 개인정보보호법 전문 강사
- 중소벤처기업부 스마트공장 전문가

목 차

1부 정보보호경영시스템구축 운영을위한 ISO27001(인증기준)의 이해와 실무

- 저자정보 ·· 6

- 들어가며 ·· 8

- 1. 정보보호관리체계 인증 요구사항
    - 1.1 의미 ·· 10
    - 1.2 인증요구사항에 따른 관리체계 수립 절차 ···················· 11

- 2. 관리체계 수립 단계별 상세 수행 내용
    - 2.1 수행조직 구성 및 GAP분석 ·· 14
    - 2.2 정보보호 정책수립 및 범위설정 ···································· 17
    - 2.3 경영진의 책임 및 조직 구성 ·· 22
    - 2.4 위험관리 ·· 23
    - 2.5 정보보호대책 구현 ·· 26
    - 2.6 사후관리 ·· 27

- 3. 위험관리 상세
    - 3.1 위험관리(Risk Management) 개념 ······························ 30
    - 3.2 위험관리 프로세스 ·· 34
    - 3.3 위험분석 및 평가 기법 ·· 37
    - 3.4 위험대응 방안 및 전략 ·· 39

- 4. ISO27001 인증기준
    - 4.1 ISO27001:2013 Document 1번 (범위) ······················· 42
    - 4.2 ISO27001:2013 Document 1번 (인용규격) ················ 44
    - 4.3 ISO27001:2013 Document 3번 (용어 및 정의) ·········· 45
    - 4.4 ISO27001:2013 Document 4번 (조직의 환경) ··········· 46
    - 4.5 ISO27001:2013 Document 5번 (리더십) ··················· 48
    - 4.6 ISO27001:2013 Document 6번 (계획) ······················· 50
    - 4.7 ISO27001:2013 Document 7번 (지원) ······················· 53
    - 4.8 ISO27001:2013 Document 8번 (운영) ······················· 56
    - 4.9 ISO27001:2013 Document 9번 (성과평가) ················ 58
    - 4.10 ISO27001:2013 Document 10번 (개선) ··················· 60

들어가며

　보안의 필요성을 나타낼 때 흔히들 건강에 비유를 많이들 한다. 원래부터 타고 난 강골은 웬만한 문제에도 감기 하나 걸리지 않겠지만, 대다수 사람들은 충분한 주의를 하지 않는 경우 쉽게 병에 노출되어 고생하게 된다. 또한 사람들은 병에 걸리면 평소 건강에 주의를 기울이지 못함을 후회하지만, 건강할 때는 여러 가지 핑계로 건강에 소홀하게 된다.
보안도 마찬가지다 평소에 충분한 주의를 기울이지 않으면 쉽게 공격에 노출되어 피해가 발생하지만, 피해가 발생하기 전까지는 대부분이 별로 신경을 쓰지 않는 것이 현실이다. 조금 더 솔직하게 말하면 건강과 비교가 되지 않을 정도로 사람들이나 기업에서의 보안에 대한 관심이 낮은 것이 현실이다. 이유는 여러 가지가 있겠으나, 건강은 국가에서의 건강 검진을 포함하여 기업에서 필수적으로 건강검진을 받도록 하고 언론의 소개 등을 통해서도 건강에 대한 중요성이 강조되어 이제는 건강을 필수로 생각하는 시대가 되었기 때문이라 생각한다. 이에 비해 보안은 그 중요성이 강조는 되고 있으나 건강에 비해서는 사람들과 기업들의 인식이 여전히 낮은 것이 사실이다.

　건강에서 건강을 지키기 위한 첫 번째 활동이 자신의 건강 수준을 진단하고 주기적으로 적절한 조치를 취하는 것이며 이것을 우리는 건강검진이라 한다. 보안에서 이 건강검진에 해당하는 것이 바로 정보보호관리체계라고 할 수 있다. 예전에 건강검진을 열심히 받던 사람이 갑작스러운 암으로 사망한 것과 관련하여 유족들이 병원을 상대로 소송을 제기하였으나 패소한 사례가 있는데 건강검진이 모든 병을 다 찾아내는 것이 불가능하다는 논리로 패소된 것으로 안다. 그럼에도 모두들 건강검진을 통해 병을 예방하고 조기발견하려 한다. 이는 보안에서도 마찬가지로 적용된다고 할 수 있다. 정보보호관리체계를 수립하여 운영함에도 보안사고는 발생할 수 있다. 그럼에도 우리는 정보보호관리체계수립을 통해 그 발생의 가능성을 줄여주거나 사전에 발견할 수 있는 기회를 찾아야 하는 것이다.

　보안에서 이러한 정보보호관리체계의 대표로서는 국제적으로 통용되는 ISO27001인증이 그에 해당한다고 할 수 있으며, 현재 자신의 건상상태를 파악하고 건강관리를 위한 준비를 시작하는 것이 관리체계 수립이며, 이에 대한 요구사항이

ISO27001에서 제시되어 있으며, 이를 바탕으로 자신에게 맞는 건강관리체계를 마련한 후 건강관리를 위한 구체적 실천 안을 만들어서 하나하나 행동에 옮겨가는 것이 ISO27002의 세부 통제항목에 해당한다고 할 수 있다.

 이장에서는 건강검진에 해당되는 정보보호를 위한 관리체계를 수립하는 것에 해당되는 ISO27001의 요구사항에 대해서 알아보고, 그를 바탕으로 한 관리체계를 수립하는 일반 적인 절차에 대해서 알아보고자 한다.

1. 정보보호관리체계인증 요구사항

1.1 의미

정보보호관리체계인증을 위해 필수적으로 요구되는 사항은 ISO27001:2013 Document이며, 해당 문서는 다음과 같이 총 10개 영역으로 구성되어 있다.

1. 범위	
2. 인용 규격	
3. 용어 및 정의	
4. 조직의 환경	4.1 조직과 상황에 대한 이해 4.2 이해당사자의 요구와 기대에 대한 이해 4.3 ISMS의 범위 결정 4.4 정보보호 경영시스템
5. 리더십	5.1 리더십과 의지 5.2 정책 5.3 조직의 역할, 책임, 권한

6. 계획	6.1 위험과 기회에 따른 조치
	   6.1.1 일반사항
	   6.1.2 정보보호 위험평가
	   6.1.3 정보보호 위험처리
	6.2 정보보호 목표 및 달성계획

7. 지원	7.1 자원
	7.2 적격성
	7.3 인식
	7.4 의사소통
	7.5 문서 정보
	   7.5.1 일반사항
	   7.5.2 생성 및 갱신
	   7.5.3 문서 정보의 통제

8. 운영	8.1 운영 계획 및 통제 8.2 정보보호 위험평가 8.3 정보보호 위험처리
9. 성과평가	9.1 모니터링, 측정, 분석, 평가 9.2 내부 감사 9.3 경영진 검토
10. 개선	10.1 부적합 및 시정조치 10.2 지속적 개선

문서의 구성 내용을 보면 1의 범위에서 3의 용어 및 정의는 ISO계열 문서의 공통 사항으로서 해당 문서의 적용범위와 의미, 참조문서, 사용되는 용어 등에 대해서 정의하고 있다.

4의 조직의 환경에서 10의 개선까지 ISO27001의 인증에 대한 요구사항으로서, ISO27001 즉 정보보호경영시스템(일명 정보보호관리체계)과 관련하여 필수적으로 요구되는 사항을 정리하고 있으며, 기업이나 기관이 이 기준에 따라 정보보호관리체계를 구축하였을 때 ISO27001인증이 부여된다고 할 수 있다.

따라서 정보보호관리체계 구축을 희망하는 기업은 이 요구사항에 맞도록 관리체계를 구축(수립)하여야 한다.

1.2 인증요구사항에 따른 관리체계 수립 절차

정보보호관리체계 수립이란, 조직 내/외부의 이슈사항과 고객을 포함한 이해당사자의 요구사항을 고려하여 조직의 정보보호를 위해 필요한 기준을 마련하고 그를 바탕으로 정보보호에 대한 성과를 달성해내는 일련의 과정을 말한다.

이러한 정보보호관리체계 수립의 일반적인 절차는 크게 다음과 같은 6단계로 구분할 수 있으며, 이중 1단계의 수행조직 구성 및 GAP분석은 최초로 관리체계를 구축하는 경우 필수적으로 적용하여야 할 단계다.

단계별 상세한 수행 내용은 다음 절에서 확인하고, 여기서는 간략한 수행 내용을 살펴보면 다음과 같다.

○ 1단계 : 수행조직 구성 및 GAP분석

처음 정보보호관리체계를 수립하고자 하는 기업(또는 조직)은 관리체계 수립을 수행하기 위한 수행조직을 구성하여야 한다. 이 수행조직은 정보보호관리체계 구축을 위한 기본적인 기준과 체계를 확립하는 준비, 본격적인 대처를 위한 문제점(보통 취약점 또는 위험이라 함)을 찾기 위한 조사 등을 포함한 정보보호활동, 정보보호활동 등에 대한 효과 등의 검토 활동을 한다. 처음 관리체계를 수립하는 경우 수행조직은 주로 단기작업반(TFT, Task Forced Team)으로 구성하며, 필요한 경우 외부 전문가 (컨설팅 기업 등)의 도움을 받을 수도 있다.

수행 조직이 구성되면, 정보보호 관리체계 수준현황 분석(이하 "GAP분석" 이라 함)을 하며, GAP분석을 통해 조직 내 현재의 수준이 정보보호관리체계에서 요구되는 관리수준과 비교하여 얼마나 차이가 있는지, 보완 및 개선을 필요로 하는 부분이 있는지 등을 파악하게 된다. 그를 바탕으로 조직이 달성하고자하는 정보보호수준을 정의하게 된다.

○ 2단계 : 정보보호 정책수립 및 범위설정

정보보호 수행을 위한 수행조직이 구성되고 GAP분석을 통해 기업(또는 조직)이 달성하고자하는 정보보호의 목표 수준을 정의하였다면, 정보보호관리체계를 수립하고자 하는 기업(또는 조직)은 기업(또는 조직)전반에 걸친 상위 수준의 정보보호정책을 수립하고 그를 이행할 세부 지침을 마련하여야 한다. 아울러 정보보호를 수행하기 위한 기업(또는 조직) 내의 각 부문들의 책임을 설정하여야 한다. 이를 통해서 기업(또는 조직)의 정보보호체계가 수립되고 실질적으로 이행될 수 있게 된다.

기업(또는 조직)의 정보보호정책 및 지침이 마련되고, 정보보호를 위한 기업(또는 조직) 내 책임이 설정되었다면, 정보보호관리체계를 수립하고자하는 대상 범위를 설정하고 대상 범위 내 정보자산과 서비스를 식별하여 수립하고자하는 정보보호관리체계의 범위를 명확히 정의하여야 한다. 여기서 정보보호관리체계의 범위라 함은 수립한 정보보호의 기준을 적용하고 관리할 대상(자산, 인원 등 유무형의 자산을 말함)을 말한다.

○ 3단계 : 경영진의 책임 및 조직 구성

정보보호를 위한 정책과 지침이 수립되고, 관리체계 수립을 위한 대상 범위가 설정되었다면, 이를 총괄하는 경영진의 역할과 책임을 명확화 하여야 한다. 그리고 정보보호 전반의 업무에 대해서 책임을 가지고 실질적으로 수행 및 관리가 가능한 정보보호 관리를 위한 전담조직을 구성하여야 한다. 여기서 정보보호 관리를 위한 전담조직이라 함은 우리가 일반적으로 아는 보안 팀(또는 보안담당자)을 말한다.

○ 4단계 : 위험관리

정보보호활동을 수행하고 관리할 전담조직(또는 전담인력)이 구성되었다면, 실질적인 정보보호를 위한 활동으로서 위험관리를 수행하여야 한다. 위험관리는 조직의 서비스와 정보자산에 대한 적절한 위험관리 전략과 계획을 수립하고, 그에 따라 위험을 분석하고 평가하여 대응이 필요한 위험을 찾아내고 찾아낸 위험에 대한 처리의 우선순위를 결정하는 일련의 과정을 말한다. 기업(또는 조직)의 서비스와 정보자산에 대한 위험을 식별하고 우선순위가 결정이 되면 위험을 수용 가능한 수준으로 감소시키기 위해 필요한 정보보호 대책을 선택하고 구현할 계획을 수립하여야 한다.

일반적으로 위험을 분석하고 평가하기 위해서는 기업(또는 조직)의 서비스와 정보자산에 대해서 위협을 정의하고 취약점 점검을 통해 취약점을 식별한 후, 이를 바탕으로 위험분석 및 평가를 수행하게 된다. 위험분석 및 평가를 수행에 대한 절차 및 방식 등을 포함한 자세한 설명은 이어지는 해당 절을 참조하기 바란다.

○ 5단계 : 정보보호대책 구현

위험분석 및 평가를 통해 식별된 위험에 대해서 위험을 수용가능 수준 이하로 낮추기 위해서 위험관리 단계에서는 수립된 정보보호계획에 따라 정보보호 대책을 효과적으로 구현하여야 한다. 이를 정보보호대책 구현이라 한다. 이를 정보보호대책 구현이라 한다. 정보보호대책 구현단계에서는 정보보호대책이 적절하게 적용될 수 있도록 조직원을 대상으로 한 필요한 교육도 진행하여야 한다.

○ 6단계 : 사후관리

정보보호대책이 구현되고 직원에 대해 적절한 교육이 이루어졌다면 정보보호관리체계의 수립은 1차적으로는 완성된 것으로 볼 수 있다. 그러나 관리체계라는 것이 용어 그대로 체계로서 지속적으로 유지 및 관리하여야 하는 것으로 1회성 이벤트가 아니다.

따라서 수립된 정보보호관리체계를 운영하는 과정에서 상시적인 모니터링을 수행하여야 한다. 이러한 상시적인 모니터링으로서는 정기적인 내부감사를 통해 정책 준수 상황을 확인하거나, 결과(정보보호 활동 수행결과)에 근거하여 정보보호관리체계를 재검토하고 관리체계를 개선하는 활동 등이 있다.

2. 관리체계 수립 단계별 상세 수행 내용

앞서 정보보호관리체계를 수립하는 단계는

수행 조직 구성 및 GAP분석 → 정보보호 정책수립 및 범위설정 → 경영진의 책임 및 조직 구성 → 위험관리 → 정보보호대책 구현 → 사후관리 의 순서이고,

각 단계에 대한 의미에 대해서 개략적으로 알아보았다. 이번 절에서는 각 단계에서 수행하여야 할 내용에 대해서 상세하게 살펴보고자 한다.

2.1 수행조직 구성 및 GAP분석

2.1.1 수행조직 구성

앞서 기업(또는 조직)이 최초로 정보보호 관리체계를 수립할 경우에는 기존에 정보보호에 대한 전문 수행조직이나 활동 경험이 없는 경우, 전반적인 정보보호계획을 수립하기 위해 TFT(Task Forced Team, 단기 수행팀)를 구성하여 수행하기도 한다고 하였다.

또한 이 수행조직의 역할이 정보보호 관리체계 구축을 위한 기본적인 기준과 체계를 확립하는 준비, 본격적인 대처를 위한 문제점(보통 취약점 또는 위험이라 함)을 찾기 위한 조사 등을 포함한 정보보호활동, 정보보호활동 등에 대한 효과 등의 검토라고 하였다. 여기에서는 이 수행조직의 구성에 대해 보다 상세히 알아보고자 한다.

수행조직은 인사팀, 총무팀 등 정보보호관리체계 운용에 관계되는 부서로 구성하여야 하며, 전문가가 존재하지 않을 경우 외부컨설턴트를 활용할 수도 있다.

> **깨알 TIP**
> 정보보호관리체계 수립을 위한 수행조직을 외부컨설턴트로 구성하여도 실제 수립의 주 담당은 내부 조직의 인원이 됨을 명심하여야 한다. 왜냐하면, 정보보호관리체계는 조직의 성격이나 능력에 맞춰서 담당자가 지속적으로 최적화를 시켜야 한다. 즉, 관리체계 수립 이후 재검토나 시정, 예방조치 등의 계속적 개선으로 보강해 가지 않으면 정보보호관리체계는 정착하기 힘들기 때문이며, 이는 내부 조직의 인원이 수행할 수 밖에 없는 이유가 된다.

수행조직은 정보보호관리체계 수립을 위한 본격적 활동에 앞서 사전준비 작업이 필요하며 그 준비 작업으로는 다음과 같은 것이 있다.

- 기업(또는 조직)의 내·외부 요건에 대한 사전조사
  : 기업(또는 조직)의 정보자산에 대한 위협이나 취약성 등에 근거하는 내·외부 요건(예: 업무나 업계에 관한 법령·규제나 계약에 근거하는 법적 요건 및 사업전략, 정책에 근거하는 보안요건 등)에 대한 사전 조사를 한다.

- 기업(또는 조직)의 현황 파악
  : 정보현황분석(GAP분석)이나, 전문가에 의한 운용 시스템의 보안진단 등을 통해 현재의 수준을 파악하고, 그에 따른 보안사건·사고 발생을 대비해 복구방안 및 비용 등을 추정한다.

- 조사결과의 문서화 및 보고
  : 사전조사 결과는 문서화하고, 이 결과보고를 통해 정보보호 담당자를 포함한 이하 관계자에게 현황을 설명한다.

2.1.2 GAP분석

정보보호관리체계 수립을 위한 수행조직이 구성되고 수행조직의 역할과 사전조사 등이 완료되면 본격적인 GAP분석(정보보호관리체계 수준현황 분석)을 수행하게 된다. GAP분석은 관리체계를 수립하고자하는 기업(또는 조직)의 현재 정보보호수준과 목표로 하는 정보보호수준을 파악하여, 추가적으로 필요한 정보보호활동을 계획하고 관리체계를 수립하는 기준이 된다. 즉, 정보보호관리체계에서 요구되는 관리수준과 현 기업(또는 조직) 내의 관리수준을 비교하여 큰 차이가 있는지, 개선하거나 추가적 조치를 필요로 하는 부분이 있는지 등을 파악하는데 있다.

다음의 그림은 정보보호와 관련된 조직 내 각 영역에서 요구되는 보안 수준과 현재 대책수준을 비교한 결과에 대한 예시로서, 그 차이를 보이는 부분이 GAP이며, 이를 줄이기 위한 일련의 체계적인 활동(전사 차원의 체계적 활동)이 정보보호관리체계 수립이다.

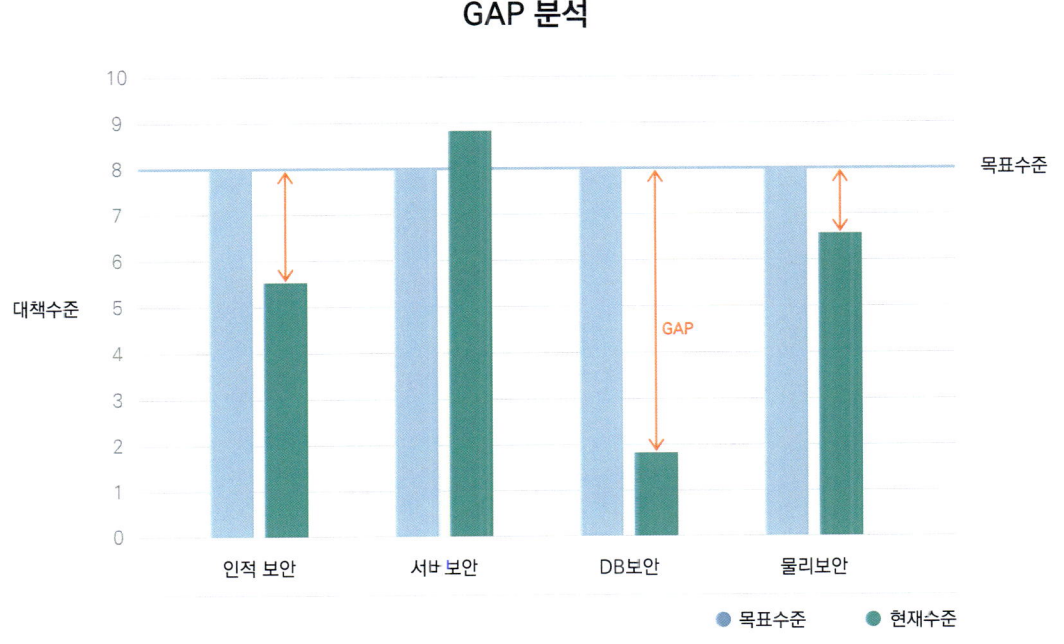

GAP분석은 수행조직이 각 부서 또는 팀의 관리자 및 담당자와의 인터뷰 및 문서검토 등을 통해 조직 내의 정보보호환경과 현황(수준)을 분석하는 것이다. 이를 수행하기 위해 나름대로 체계적으로 접근할 필요가 있으며, 가장 손쉽게 접근할 수 있는 방법은 수립하고자 하는 정보보호관리체계(예: ISO27001, ISMS-P 등)에서 요구하는 통제항목을 기준으로 접근하는 것이다.

수립하고자 하는 정보보호관리체계에서 요구하는 통제항목을 기준으로 접근하면 가장 손쉽게 조직 내의 정보환경을 분석할 수 있을 뿐 아니라, 현재 수준 분석을 통해 찾아낸 개선사항을 조치할 때도 적용이 아주 용이하게 된다. 이후 추가적으로 기술적 취약점 점검을 통해서 서버, 네트워크, 보안시스템 등 정보시스템의 문제점을 찾아낼 수 있다.

> 정보보호관리체계 관리체계를 수립하는 경우, 현재 기업(또는 조직)의 정보보호 수준을 파악하고 기업(또는 조직)의 정보보호 목표를 설정하기 위해 GAP분석을 실시하며, 이때 실시한 분석결과는 그 수행한 범위에 따라 이후 위험분석을 위한 취약점 점검 결과로 활용할 수도 있다.
> 즉, 이후 정보보호관리체계 수립의 범위가 GAP분석을 실시한 대상과 동일한 경우에는 해당 결과를 위험분석을 위한 취약점 점검 결과로 활용도 가능하다. 이를 일반적으로 관리적취약점점검결과라고 한다. 만약 불일치하는 경우 차이나는 부분만 추가로 취약점 점검을 할 수도 있다.

2.2 정보보호 정책수립 및 범위설정

2.2.1 정보보호 정책 수립

GAP분석이 완료되어 기업(또는 조직)의 정보보호 수준이 확인되고 목표하는 정보보호 수준이 결정되면, 정보보호 활동의 근거가 되는 정보보호정책을 수립하여야 한다. 즉, 정보보호정책 수립의 목적은 정보보호관리체계를 수립하는 기업(또는 조직) 내의 정보보호에 대한 기준을 명확하게 제시하는 것이다.

정보보호정책은 전체 정보보호 관리체계 수립의 기초가 되는 최상위의 문서로서 다음과 같은 항목들이 포함되는 것이 일반적이다.

- 정보보호정책의 목적 : 기업(또는 조직)이 보호해야 할 중요한 정보자산이 무엇인지 선언하고 어떤 특성이 만족되어야 하는지를 선언한다.
- 대상범위 : 정책의 적용범위를 명시하는 것으로, 전 조직을 대상으로 하며 정보자산에 접근하는 외부인을 포함하는 것이 바람직하다.
- 책임: 정책을 수행하기 위해서는 기본적으로 책임사항을 정의한다.
- 문서의 승인 : 기업(또는 조직)의 최고책임자가 정책을 승인하여, 정책 수행에 대한 지원의지를 나타내야 한다.

정보보호정책은 최상위 규정으로 일반적으로 하위의 세부 정책을 수립하여 운영하게 되며, 규정 및 지침 그리고 절차 등이 있으며 그 차이는 다음과 같으며, 어느 수준까지 수립할지는 기업(또는 조직)의 특성에 따라 달라질 수 있다.

구분	내용	비고
정책	기본 정책 및 정보보호 관리체계 전체의 보안사항을 정의	통상 1페이지로 선언문 개념
규정		영역별로 간단명료하게 작성하고 세부 내용은 지침으로 마련
지침	정보보호 관리체계에 있어서 지켜야할 규칙을 규정	자산관리지침, 인적보안지침, 개인정보보호지침, 정보시스템관리지침, 네트워크관리지침 등
절차	규칙을 지키기 위해서 구체적인 순서 등을 규정	사용하는 대상에 따라 달라짐

> **깨알 TIP**
> 정보보호정책은 한번 수립하고 나면 즉, 한번 만들고 나면 끝나는 것이 아니라 정보보호관리체계 수립 과정에서 지속적으로 검토, 개선하여야 하며, 정보보호관리체계 운영 중에라도 새로운 서비스 등으로 그 필요성이 발견되면 해당 정책을 새로이 작성할 수도 있다.

2.2.2 관리체계 범위 설정

1) 범위 설정

 기업(또는 조직)의 정보보호를 위한 기준이 수립되었다면, 정보보호관리체계 수립의 범위를 설정하여야 한다. 정의하는 범위에 따라 정보보호관리체계 수립 시에 영향을 받게 되므로 최초 수립하는 경우 신중하게 판단하여 범위를 설정하여야 한다.
 정보보호관리체계 범위 정의서에는 기업(또는 조직)의 서비스 또는 사업내용, 조직구조, 물리적 위치, 대상 정보자산 등 관리체계의 범위를 명확히 하고, 관리체계 범위 포함 여부를 분명하게 구분하여 명세하여야 한다. 또한 범위 외의 다른 시스템 및 조직과의 관계를 반드시 명시해야하며, 특히 제3자(예: 위탁업체 등)와의 관계 등도 반드시 명시해야 한다.

> 정보보호관리체계 수립의 범위에 따라서 관리체계를 수립하고 운영하는 기준이 되므로 신중하게 판단해야 하며, 최초 수립하는 기업(또는 조직)의 경우 대표 서비스 또는 핵심 서비스를 중심으로 내부 정보보호담당 부서 또는 팀이 대응 가능한 수준으로 범위를 설정하는 것이 유리하다. 이는 정보보호관리체계 수립 후, 운영과정을 통해 조직에 정보보호관리체계가 정착이 되는 것이 중요하며, 정착이 된 후 범위를 확대하는 것이 최초 범위를 크게 하는 것보다 유리할 수 있기 때문이다.

 정보보호관리체계의 범위에 포함되지 않는 기업(또는 조직) 내의 부서, 인력 및 정보자산 등의 경우, 제외 이유를 명확하고 타당성 있게 설명하여야 한다.
 정보보호관리체계 범위를 결정한 후에는 해당 범위 내의 정보자산을 식별하여 정보자산의 형태, 특성, 담당자, 관리자 등을 포함하여 목록으로 만들어야 한다. 정보자산의 식별은 현재 보유중인 자산 중 보호해야 할 대상을 정의하는 것으로 추후에 새로 도입되는 자산을 별도로 식별하여 목록에 포함시켜야 한다.

> 정보보호관리체계 수립 시, 정보자산의 경우 조직(기업)이 직접 소유한 자산만 식별하는 것이 아니라 임대한 자산도 식별하여야 하여야 하고, 가상화 서버 등도 별도로 식별하여야 한다. 임대 자산의 경우 그 소유를 표시하여 기업(또는 조직)이 직접 소유 및 관리하는 자산과 구분할 수 있다.

2) 자산식별 및 중요도 평가

 정보자산을 효율적이며 체계적으로 관리하기 위해서는 정보자산을 유형별로 분류하는 것이 좋으며 분류는 자산의 유형에 따른 분류(유형별 분류)와 중요도에 따른 분류(등급별 분류)로 나눌 수 있다.

- 유형별 분류 : 서버, 네트워크, PC 등 정보자산 형태별로 분류하는 것을 말함
- 등급별 분류 : 기밀, 대외비, 일반 등 중요도에 따라 분류하는 것을 말함

다음은 정보자산에 대한 일반적인 분류의 예이다.

분류	설명	비고
서버시스템	OO서비스를 운영하기 위한 목적으로 사용되는 Windows, Unix, Linux 등의 서버 장비	가상화 서버(VDI) 포함
네트워크	OO서비스의 네트워크 주요 접점 등에 설치되어 있는 라우터, 스위치 등이 포함	-
정보보호시스템	OO서비스를 안정적으로 제공하기 위하여 주요 네트워크의 접점 및 시스템에 설치되어 있는 정보보호 장비, 하드웨어 장비	-
응용프로그램	OO서비스 관련 자체개발하거나 임대(또는 구입)하여 사용하는 어플리케이션	웹, 앱, C/S 포함
전자정보	OO서비스 관련 데이터 관리를 위해 설치/운영/관리되고 있는 데이터베이스, 인스턴스 단위를 의미	-
소프트웨어	OO서비스 관련 자체개발한 어플리케이션 소스코드 혹은 상용 소프트웨어 및 라이선스가 필요한 사무용 소프트웨어를 포함	라이선스를 보유한 모든 소프트웨어
단말기	OO서비스 업무를 위해 사용되는 데스크탑 PC, 노트북 등	-
문서	종이문서로 결재가 이뤄진 문서, 문서코드가 부여된 바인더 형식의 문서 등의 종이형태가 최종본인 문서	HardCopy, SoftCopy포함
물리적 자산	시스템 및 통신장비 운용에 필요한 설비, 장치(전원장치, UPS, 항온항습기, 출입통제시스템 등) 및 출력을 위한 OA(프린터, 복합기 등) 기기	-
기타	위 분류 기준에 포함되지 않는 정보 자산	-

참고로, 기업(또는 조직) 내 정보자산의 종류와 수가 많은 경우, 정보자산의 가치나 속성에 따라 동일한 정보자산을 하나의 그룹으로 묶어서 관리하는 것도 효율적인 방법의 하나이다.

정보자산이 목록형태로 식별이 되면 정보자산에 대한 중요도를 평가하여야 한다. 정보자산의 중요도는 각 자산의 보안과 관련하여 기업(또는 조직)에 미치는 영향을 기준으로 다음과 같은 항목으로 평가할 수 있다. 참고로 다음의 기준은 예시이며 기업(또는 조직)의 환경 등에 따라 변경이 가능하다. 다만, 평가 결과에 대한 논란을 방지하기 위해 기준을 최대한 객관화하는 것이 필요하며 일반적으로 수치화 하는 것이 가장 효율적이다.

구분	등급 평가 기준	평가
기밀성 (C)	기업(또는 조직) 내부에서도 높은 비밀 등급의 부여가 요구되며, 일반에게 공개되는 경우 개인이나 기업(또는 조직)의 안전 및 프라이버시에 심각한 영향을 초래할 수 있고 기업(또는 조직)의 사업 진행에 장기적이고 치명적인 피해를 줄 수 있는 정도	상(3)
	기업(또는 조직) 내부에서만 공유되어야 하며, 일반에게 공개되는 경우 개인이나 기업(또는 조직)의 안전 및 프라이버시에 일정부분 영향을 초래할 수 있고 기업(또는 조직)의 사업 진행에 중단기적이고 상당한 문제를 발생시킬 수 있는 정도	중(2)
	일반에게 공개되어도 기업(또는 조직)이나 조직의 안전 및 프라이버시에 영향이 크지 않고 기업(또는 조직)의 사업 진행에 대한 피해가 무시할 수 있는 정도	하(1)
무결성 (I)	고의나 사고에 의해 변조되거나 일부 오류가 발생하는 경우 기업(또는 조직)의 사업진행에 장기적이고 막대한 피해를 줄 수 있는 정도	상(3)
	고의나 사고에 의해 변조되거나 일부 오류가 발생하는 경우 기업(또는 조직)의 일부 사업 진행에 일정부분 문제를 발생시킬 수 있고, 이로 인한 손실의 크기가 보통임	중(2)
	고의나 사고에 의해 변조/조작되는 경우 기업(또는 조직)의 사업진행에 피해가 무시할 수 있는 정도이고, 이로 인한 손실의 크기가 크지 않음	하(1)
가용성 (A)	접근 또는 서비스가 중단되는 경우 기업(또는 조직)의 사업진행을 중단하게 하는 치명적인 수준이며, 이로 인한 손실의 크기가 막대함	상(3)
	접근 또는 서비스가 중단되는 경우 사업진행에 일정부분 지장을 줄 수 있는 수준이며, 이로 인한 손실의 크기가 보통임	중(2)
	접근 또는 서비스가 중단되는 경우 사업진행에 대한 지장이 무시할 수 있는 수준이며, 이로 인한 손실의 크기가 크지 않음	하(1)

2. 관리체계 수립 단계별 상세 수행 내용

> **깨알 TIP**
>
> 정보자산을 식별할 때, 호스팅 기업을 이용하는 경우나 협력사 등을 통해 자산을 임대하여 사용하는 경우에도 해당 자산에 대해서 자산식별(임대자산 등에 대해서 표시)을 하여 관리의 접점을 식별하는 것이 필요하다. 또한 클라우드 서비스의 사용 증가로 다수의 자산이 Public 클라우드 서비스(예: AWS, Azure 등)를 이용하는 경우에도 해당 자산에 더해서 식별하여야 한다.
>
> 자산의 등급 평가와 관련하여 앞서 예시에서 제시한 기준은 정성적이므로 기업(또는 조직)의 규모 등을 고려하여 정량화(예: 기밀성, 무결성에서 피해정도를 금액으로 정하거나, 가용성에서 서비스 중단의 정도를 구체적 시간으로 정의)하는 것이 평가 시 용이하다.

2.3 경영진의 책임 및 조직 구성

2.3.1 경영진의 책임

 기업(또는 조직)의 정보보호를 위한 정책이 수립되고 관리체계 수립의 대상이 되는 범위가 설정이 되어 관련 정보자산이 식별되고 중요도가 평가되었다면, 관리체계가 수립되고 운영되는 과정에서의 경영진이 주요 의사결정에 참여할 수 있도록 하여야 한다.
 의사결정 과정에 경영진이 참여함으로써 경영진이 정보보호관리체계에 대해 이해하고 관심을 갖게 되고, 향후 정보보호관리체계가 지속적으로 유지될 수 있다.
 이러한 주요 의사결정과정의 참여를 포함한 경영진의 역할과 책임으로는 정보보호정책의 보고, 의사결정 사항 등이 있으며, 최상위 정보보호 정책서 등에 규정되어 있어야 한다.

2.3.2 조직 구성

 정보보호관리체계 수립 및 운영을 포함한 정보보호에 대한 경영진의 역할과 책임이 정의되었다면, 실제 정보보호를 위한 구체적인 업무를 수행할 조직을 구성하여야 한다.
 여기서의 조직은 앞서 정보보호관리체계 수립 업무를 수행하기 위한 수행조직을 의미하는 것이 아니라, 수립된 정보보호관리체계 아래에서 실제적인 정보보호 업무를 수행할 전담 조직을 의미한다.
 정보보호 전담조직의 형태는 기업(또는 조직) 내 모든 부서 또는 팀의 경영진(임원)급 인력이 참여하는 정보보호위원회를 구성하고, 정보보호를 담당하는 조직으로서 전담 정보보호관리자 또는 책임자를 지정하고, 필요한 경우 부서 또는 팀 별로 정보보호담당자를 지정할 수 있다.

정보보호 업무는 다수의 조직과 업무 조율이 필수적이며 경우에 따라 조직과의 마찰도 발생할 수 있다. 이러한 상황에서 효율적인 업무 수행을 위해선 정보보호 전담 조직은 별도의 독립 조직으로 구성하여 경영진 아래 두거나, 기업(또는 조직)의 법무 또는 감사 부서에 포함하는 것 등이 추천된다.

2.4 위험관리

정보보호 전담조직이 구성되면 본격적인 정보보호관리체계 수립을 위해 기업(또는 조직)의 내외부 위험을 식별하고 관리를 하여야 하며 이를 일반적으로 위험관리라고 한다.

위험관리는 크게 조직의 "위험관리를 위한 방법을 계획"하고, 계획에 따라 실질적으로 "위험을 식별 및 평가"하고, 그 과정을 통해 조치대상으로 판별된 "위험에 대해 대책을 선정하고 이행계획을 수립"하는 과정으로 나눌 수 있다.

※ 위험관리에 대한 상세한 설명은 다음의 "3.위험관리 상세"에서 하고, 여기서는 정보보호관리체계 구축 과정에서의 위험관리의 개념수준으로 설명함

2.4.1 위험관리를 위한 방법을 계획

기업(또는 조직) 내외부의 위험을 효율적으로 관리하기 위해서 앞으로 어떻게 위험을 식별하고 평가하며, 그를 수행하는 조직과 일정 등에 대해서 계획을 수립하여야 하며 이를 위험관리계획서라 한다.

위험관리계획서는 기업(또는 조직)이 위험관리를 기업(또는 조직)의 요구에 맞게 선정하고 이에 따라 수행하였는지 평가할 수 있는 기준이 된다.

일반적으로 위험관리는 주기적으로 수행되어야 하며, 위험관리 방법의 적절성 또한 주기적으로 검토(재 수행되는 시기에 위험관리 방법의 적절성을 검토)되어야 한다.

위험관리의 주기는 일반적으로 1년으로 하는 것이 가장 적절하며, 다음 주기가 도래하지 않았어도 기업(또는 조직)의 주요 서비스가 변경되었거나 내·외부 환경이 크게 변경된 경우 별도로 수행하는 것이 좋다.

> **깨알 TIP**
> 위험관리의 주기가 도래하지 않은 상태에서 기업(또는 조직)의 주요 서비스가 변경되었거나 내·외부 환경이 크게 변경되어 추가적인 위험관리를 수행하는 경우, 그 범위는 변경된 서비스나 환경만을 대상으로 수행하는 것도 가능하다.

2.4.2 위험을 식별 및 평가

위험관리계획이 수립되면 계획서에 정의된 방법론에 따라 기업(또는 조직)의 위험을 식별하고 평가하여야 한다.

1) 위험 식별 및 평가

위험 식별 및 평가를 위해 기업(또는 조직)의 위험관리 담당자는 정보보호관리체계 범위 내의 각 부서 소유 정보자산을 식별하고, 자산별 가치를 산정 즉 등급 설정(기밀성, 무결성, 가용성 관점)하며, 이를 위해 각 부서 담당자의 의견을 반영하여 결정한다.

> 외부 전문가에게 위험식별 및 평가를 의뢰한 경우에도 자산별 가치 산정 시에는 관련 대상 부서의 책임자는 반드시 포함(가치 산정과정에 참여하는 것을 의미함)시켜야 하며, 이는 위험식별 및 평가에서 자산 책임자가 직접 그 가치를 평가하고 중요 위협과 취약성 및 그 결과를 확인하는 것이 매우 중요하기 때문이다.

정보자산 식별과 등급 설정이 완료되면 취약점 점검을 실시한다.

- 관리적 취약점 점검 : 문서보안, 인원보안, 물리적 보안 등을 비롯한 업무프로세스 등의 이행 현황을 분석하여 관리적인 위협과 취약성(일명, 취약점이라 함)을 식별함
- 기술적 취약점 점검 : 서버, 네트워크, 정보보호시스템, 응용프로그램, PC 등 정보자산에 대하여는 기술적인 위협과 취약성을 식별함

> 위험 식별 및 평가 과정에서 도출된 취약성 중에서 긴급하거나 즉시조치(Quick Fix) 가능한 것들은 해당 부서 또는 팀에서 판단하여 개선조치를 하고 그 근거를 남기는 것으로 위험 식별 및 평가에서 제외할 수도 있다.

취약점 점검이 완료되면, 정보자산에 대한 위협과 취약점을 결합하여 해당 정보자산의 위험에 대한 위험도를 산정하며, 이때 위험도는 일반적으로 수치화된 값으로 산정하게 된다.

2) DoA(수용가능 위험수준) 설정

각 정보자산에 대한 위험의 위험도 값이 산정되었다면, 위험도 구간에 따른 위험처리 전략을 결정하기 위하여 "수용 가능 위험 수준(DoA, Degree of Assurance)"를 정한다. 이때, DoA결정은 정보보호 조직과 관련 부서의 협의를 거쳐야 하며 정보보호 조직만의 검토로 결정되어서는 안 된다.

이러한 내용을 포함한 최종적인 위험식별 및 평가 보고서는 문서화된 형태로 만들어져 정보보호최고책임자 이상의 검토 및 승인을 거쳐야만 한다.

위험식별 및 평가 시, 위험도 구간의 기준이 되는 DoA값에 대한 부서간의 합의는 일반적으로 정보보호위원회(또는 경영검토위원회) 회의를 통해 결정하게 된다. 최초로 정보보호관리체계를 수립하는 경우, 반드시 정보보호위원회 회의록(또는 경영검토회의록, 경영검토보고서 등)에 DoA값에 대허 논의 및 합의한 내용이 포함될 필요가 있다.

2.4.3 위험에 대해 대책을 선정하고 이행계획을 수립

 DoA에 따라 조치대상으로 식별된 위험에 대해서는 위험처리, 위험수용, 위험회피, 위험전가 등의 전략을 설정하고 기준에서 제시하는 통제사항을 선택하게 된다.
 위험감소 전략으로 선정된 위험들을 수용 가능한 수준으로 감소시키기 위해 위험 별 정보보호관리체계 통제항목의 통제를 실현하기 위하여 해당 부서 별 구체적인 정보보호 대책, 추진시기 및 담당자 등을 포함하는 정보보호 이행계획을 수립하여야 한다.
 참고로, 이행계획 수립 과정에서 보호대책을 정할 때 관련 법규에서 요구하는 보호수준 보다 낮은 보호대책이 적용되지 않도록 하여야 한다.

위험감소 대상이 된 위험에 대해서 적응하는 보호대책이 관련 법규의 요구수준 보다 낮아지는 문제점(예: 개인정보처리시스템 접속기록 유지를 일반적 정보시스템 로그 보존 기간인 3~6개월로 적용 등) 등이 발생하지 않도록 각 부서 또는 팀에서 수립한 이행계획을 위험관리 담당자(일반적으로 정보보호 담당자 또는 관리자)가 해당 계획의 적절성을 확인하는 것이 좋다.

 정보보호대책 이행계획은 매월, 분기, 반기 등 연 1회 이상 주기적으로 그 이행여부와 문제점을 파악하여 정보보호최고책임자 등의 경영진에게 보고하여야 하며, 정보보호최고책임자 또는 정보보호책임자는 매년 위험관리를 통해 도출된 정브보호 이행계획의 시행여부를 확인하여야 한다.

2.5 정보보호대책 구현

 감소대상 위험에 대해 보호대책과 이행계획이 수립되었다면, 계획된 일정 및 우선순위에 따라 구현하여야 한다.
 이러한 정보보호대책이 계획대로 적절히 구현되기 위해서는 관련된 부서 및 담당자를 통하여 관련 정보를 공유할 필요가 있으며, 필요한 경우 이행계획에 정의된 해당 부서 및 담당자들을 대상으로 관련 내용을 교육하여야 한다.
 아울러 조직의 임직원 및 최종사용자들에게 정보보호에 대한 필요성을 이해시키고, 인식과 행동을 변화시키기 위해서는 지속적인 교육 프로그램을 마련하여 인식제고 교육을 수행할 필요가 있다.

정보보호대책의 이행을 포함하여 정보보호에 대한 인식제고 훈련을 기획할 때에는 일반적인 정보보호에 대한 교육이외에도 IT 또는 정보보호 운영 인력을 대상으로 한 정보보호 구축 및 운영 능력 향상을 위하여 전문교육도 계획하여 수행하는 것이 필요하다.

 보호대책의 구현을 마치고 나면 구현된 정보보호대책에 대한 검토를 수행하여, 대책이 계획대로 진행되었으며 목적을 달성하였는지를 확인하여 책임자(예: 정보보호담당자 또는 관리자 등)에게 보고하고 문서화한다.
 경영진은 정보보호대책의 이행계획이 잘 이루어지고 있는지 년 1회 이상의 정기적인 보고를 받을 필요가 있으며, 이때 경영진은 정보보호대책 이행계획이 모두 실행되고 있는지 확인하고, 이행되지 못 한 계획이 있다면 그 사유가 타당하고 보고가 이루어져야 한다.

정보보호대책의 이행이 적절히 이루어지 않는 것은 정보보호관리체계가 적절히 운영되지 않는 다는 의미가 된다. 따라서 정보보호대책의 이행여부를 주기적으로 확인하여야 하는데, 일반적으로 정보보호 이행계획이 단기, 중기, 장기의 형태로 구분하여 계획을 수립하는 경우가 많으므로 이행계획의 주기에 따라 이행여부를 확인하는 것이 바람직하다.

2.6 사후관리

정보보호관리체계 수립이 완료된 후에는 이에 대한 지속적인 사후관리가 중요한데, 정보보호관리체계가 1회성 이벤트가 아니라 운영과정에서 지속적인 검토를 통해 조직에 맞는 체계로 만들어가는 것이 중요하기 때문이다.

이러한 사후관리 활동으로서는 정보보호 관리체계 관련 자료들에 대한 최신성을 유지하고 운영현황을 검토하며, 적절한 능력과 자격을 갖춘 인원을 통한 준수여부를 감사하는 것 등이 있다.

1) 최신성 유지

기업(또는 조직)의 정보보호와 관련된 기준들이 최신성을 유지하기 위해서는 매월, 분기, 반기 등 년 1회 이상 주기적으로 또는 수시로 조직이 준수해야 하는 정보보호와 관련된 법률의 제정 및 개정 사항을 파악하고 검토하여, 정보보호정책에 반영이 필요한지 확인한다.

최신성 유지를 위해 주기적으로 검토하여야 할 정보보호에 관한 주요한 법률은 다음과 같은 것들이 있다.

구분	관련 법률	주요 내용
산업보안	부정경쟁방지 및 영업비밀 보호에 관한 법률	영업비밀을 취급하는 모든 기업을 대상으로, 행위주체(인적)에 대한 비밀유지의무와 기업의 역할(비밀설정 및 보호조치)
	산업기술의 유출방지 및 보호에 관한 법률	국가로부터 지정받은 산업기술 및 국가핵심기술을 보유한 국가기관/기업/연구기관 및 대학 등(이하 '기관")을 대상으로, 행위주체(인적)에 대한 비밀유지의무와 대상 기관의 보호조치
지적재산	저작권법	논문, 강연 등의 어문저작물과 컴퓨터프로그램 등을 저작한 저작자의 이익을 보호하기 위한 역할
기반시설	정보통신 기반보호법	국가안전보장, 행정, 국방, 치안, 금융, 통신, 운송, 에너지 등의 업무와 관련된 정보통신망을 운영하는 기업 및 국가 공공기관을 대상으로, 정보통신망 운용의 기반이 되는 시설을 보호하기 위한 역할과 보호조치
정보통신 및 개인정보보호	정보통신망이용촉진 및 정보보호 등에 관한 법률	개인정보를 취급하는 정보통신서비스제공자는 개인정보의 취급단계별 관리적, 기술적 보호조치 의무사항
	전자금융거래법	금융기관 및 전자금융업자가 전자금융거래의 안전성 확보 및 이용자 보호 의무사항
	신용정보의 이용 및 보호에 관한 법률	개인의 신용정보를 취급하는 금융회사(보험, 캐피탈, 카드사 등)를 대상으로, 신용정보의 취급 단계별 보호조치 의무사항
	위치정보보호에 관한 법률	위치정보를 취급하는 사업자 및 공공기관 등은 수집, 이용, 파기 등에 대한 보호조치 의무사항
	개인정보보호법	일반법으로서 개인정보를 처리하는 모든 개인, 사업자, 공공기관 등에 대한 개인정보의 취급단계별 보호조치 및 정보주체의 권리 보장 등

2) 운영현황 검토

정보보호관리체계가 안정적으로 운영되기 위해서는 주요한 서비스 및 업무들을 목록화하여 문서화하고 그 운영현황과 이행여부를 지속적으로 관리하는 것이 필요한데, 이를 위해 정보보호관리체계 운영활동을 식별하여 그 수행 주기, 수행 주체 등을 정의한 문서를 만들어 관리할 필요가 있다.

또한, 정보보호 관련 통제가 효과적으로 운영되고, 정보보호정책과 목적이 달성되고 있는지를 확인하기 위하여 운영현황은 주기적으로 검토하여야 하며, 이러한 검토 결과는 경영진에게 보고하여 정보보호관리체계의 지속적 개선을 확인하는 기준으로 활용하여야 한다.

3) 감사

기업(또는 조직)의 정보보호관리체계가 계획된 절차에 따라 효과적으로 운영되고 있는지를 점검하기 위하여 연 1회 이상 적절한 자격을 갖춘 인원을 통해 내부감사를 수행해야 한다.

내부감사는 감사의 목적, 기준, 범위, 주기 및 방법 등을 사전에 규정하고 계획된 주기로 수행해야 하며, 감사의 기획, 수행, 결과보고, 기록 유지 및 이행 확인에 대한 책임과 절차가 문서화되어 있어야 한다.

이러한 내부 감사는 기업(또는 조직) 내 독립된 감사조직이 시행하거나 정보보호정책 기능을 담당하는 조직이 담당하게 하여, 감사의 독립성 및 전문성을 확보할 수 있도록 해야 한다.

계획에 따라 감사를 수행한 후에는 감사 결과와 권고사항을 적절한 최고 경영진과 관련자들에게 보고해야 하며, 감사 결과에 대해 조치를 적절하게 수행하였는지를 확인하고 보고하여야만 내부감사의 적절하게 수행되었다고 볼 수 있다.

내부 감사가 적절히 이루어지기 위해서는 내부 보안감사를 위한 감사기준, 범위, 주기, 방법 등을 규정하고, 특히 감사인력에 대한 자격요건 등을 구체적으로 규정한 내부 보안감사 지침을 마련하여 운영하는 것이 바람직하다.

3. 위험관리 상세

3.1 위험관리(Risk Management) 개념

3.1.1 위험(Risk)

1) 개념

위험(Risk)이란 특정의 위협이 자산의 취약점을 이용해서 해당 자산에 손실을 발생시킬 가능성을 말한다. 위험을 구성하는 기본 요소로는 자산, 위협 그리고 취약점이 있다. 위험의 크기는 위험의 발생 가능성과 위험이 발생했을 때의 영향도에 따라서 결정이 된다. 일반적인 정보보호 측면에서 위험관리는 주로 자산 관점에서 위험을 관리하는 것을 말한다.

2) 구성요소

위험의 구성요소로는 위협, 자산, 취약점, 가능성, 영향 등이 있으며, 각각의 정의는 다음과 같다.

① 위협(Threat) : 손실을 발생시키거나 해를 끼칠 수 있는 원인 또는 행위 (예 : 자연재해, 테러, 정전, 화재 등)를 말한다.
② 자산(Asset) : 기업(또는 조직)이 보호해야할 가치가 있는 대상(예: 사람, 영업비밀, 시설, 금전 등)을 말한다.
③ 취약점(Vulnerability) : 위협이 발생할 수 있는 조건이나 상황(예: 취약한 접근통제, 백업 미실시 등)을 말한다.
④ 가능성(Probability) : 정성적, 정량적으로 평가한 위협의 발생 가능성(빈도)로, 상대적 확률 또는 연간 발생 빈도로 표현한다.
⑤ 영향(Impact) : 위험이 발생했을 때 경제적/비경제적 피해 정도로, 정성적, 정량적 방법으로 평가한다.

위험을 구성하는 5가지 요소들의 관계는 다음과 같다.

> 위험의 기본요소 : 자산 X 위협 X 취약점
> 위험의 크기 : 영향 X 가능성

3.1.2 위험관리(Risk Management)

1) 개념

위험관리란 기업(또는 조직)이 가지고 있는 위험(이때 위험은 보호조치를 적용하여 처리 중이거나 처리하고 남은 잔여위험을 말함)을 수용(용인)할 수 있는 수준으로 줄이는 일련의 행위를 말한다.
일반적으로 기업(또는 조직)의 위험관리 노력이 증가하면, 완화된 위험은 증가하게 되며 그와 반대로 잔여위험은 감소하게 된다.
효과적으로 위험을 관리하려면 위험에 대한 기업(또는 조직)의 성향을 명확하게 파악해야 한다.

2) 잔여위험, 고유위험, 완화된 위험

잔여위험, 고유위험, 완화된 위험은 위험관리 시 중요하게 고려하여야 할 개념으로는 그 의미는 다음과 같다.

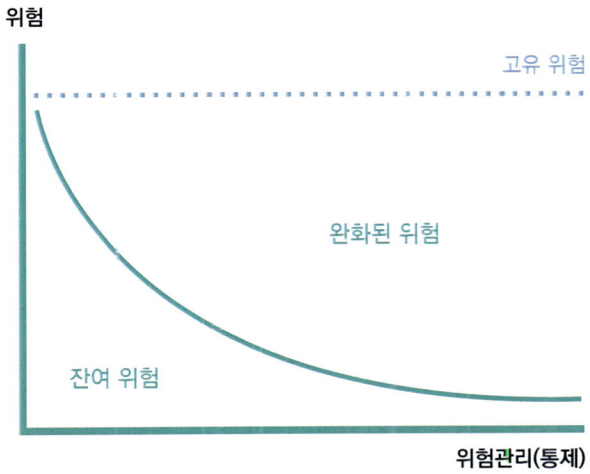

① 잔여위험

위험관리 대책을 통해 위험을 완화하고도 여전히 남아 있는 위험을 말하며 보통 고유위험에서 완화된 위험을 뺀 것을 말한다.
잔여위험은 경영진이 통제가 더 필요한 영역을 파악함으로써 좀 더 경감할 수 있는 위험을 말하는 것으로 그 특성상 이 잔여위험을 완전히 제거하는 것은 사실상 불가능하다.
잔여위험을 수용할 때는 기업(또는 조직)의 정책, 위험의 식별 및 측정, 위험평가 접근방법의 불확실성, 구현의 비용 대비 효과성 등을 고려해야 한다.

② 고유위험

고유위험은 위험관리를 하지 않았을 때 존재하는 위험으로서, 위험을 해결하거나 조치하기 위한 어떠한 노력이나 대책이 전혀 없다고 가정했을 때의 위험을 말한다.

고유위험은 업무의 성격/환경/자산 구성 등에 따라 달라지며 이 고유위험은 기업(또는 조직)의 성격과 자산 구성이 근본적으로 변하지 않으면 없어지지 않는다.

대표적인 고유 위험으로서는 시스템관리자의 권한 남용의 위험 등이 있다.

③ 완화된 위험

완화된 위험은 위험관리(통제 노력이나 예방대책 적용 등)를 하면서 사라지거나 감소한 위험을 말한다.

완화된 위험은 위험의 영향이나 가능성을 낮춤으로써 줄어든 위험의 크기를 말하는 것이므로 이 완화된 위험은 다양한 수단을 통해 위험의 가능성이나 영향을 낮출 수 있다.

대표적인 완화된 위험으로서는 상위 책임자에 의한 승인 또는 모니터링으로 시스템관리자의 권한 남용의 위험을 줄인 경우 등이 있다.

3) 수용가능위험수준(DoA)

일반적으로 위험을 완전히 제거하는 것은 불가능할 뿐 아니라 비경제적이다. 따라서 비용 대비 편익을 고려하여 적절한 수준의 목표를 설정하여 위험을 제거하고, 잔여 위험을 감당할 수 있는 수준으로 유지하는 것이 효율적이다.

이때, 기업(또는 조직)이 감당할 수 있는 적절한 목표, 즉 감당할 수 있는 위험의 최대 수준을 수용가능위험수준(DoA, Degree of Assurance) 또는 용인가능한 위험수준(ARL, Acceptable Risk Level)라고 한다.

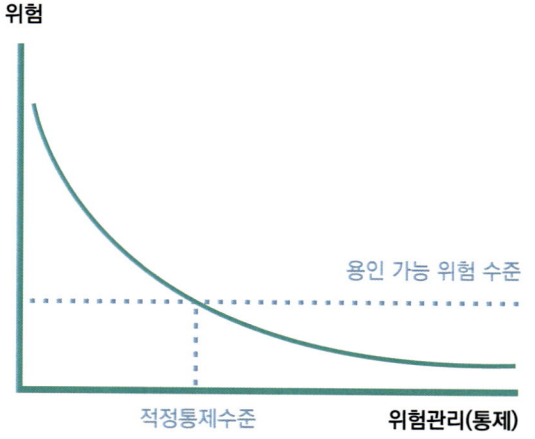

그림에서 곡선부분은 잔여위험으로서 위험관리(통제)의 목표는 잔여위험이 수용가능위험수준(또는 용인가능위험수준)으로 유지하는 것이고, 수용가능위험수준(또는 용인가능위험수준)이 증가 또는 감소함에 따라 적정통제수준도 변화하게 된다.

4) 위험을 대하는 자세(위험성향)

 조직이 일반적으로 위험에 대하여 대응하는 태도를 위험성향이라 하며, 위험성향은 크게 위험선호형, 위험중립형, 위험회피형으로 구분할 수 있다.
 위험선호형은 수용가능위험수준(또는 용인가능위험수준)이 높아 위험관리(통제)가 상대적으로 약하여 잔여위험이 많게 된다. 이와 반대로 위험회피형은 수용가능위험수준(또는 용인가능위험수준)이 낮아 위험관리(통제)가 상대적으로 강하여 잔여위험이 작게 된다.
 따라서, 수용가능위험수준(또는 용인가능위험수준)은 위험회피형 〈 위험중립형 〈 위험선호형이 된다.

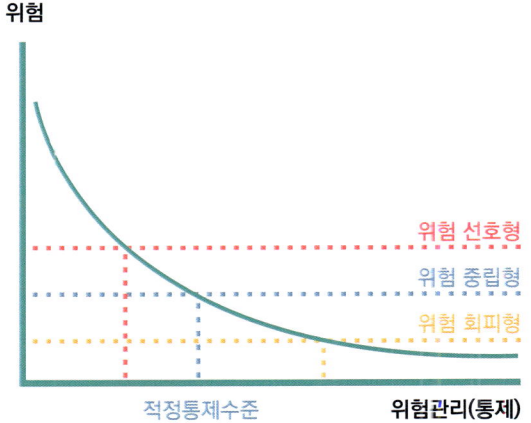

수용가능위험수준(또는 용인가능위험수준)에 따라 기업(또는 조직)의 위험관리 수준이 달라지므로, 수용가능위험수준(또는 용인가능위험수준)은 전사적 차원(예: 정보보호 최고위원회 등)에서 결정하게 된다.

3.2 위험관리 프로세스

3.2.1 위험관리 프로세스

일반적인 위험관리 프로세스(절차)는 "자산식별 및 평가" → "위험분석 및 평가" → "위험조치/대응 (현행대책 파악 및 추가대책 적용)" → "모니터링"의 순서로 진행을 하게 된다.

3.2.2 단계별 수행 내용

1) 자산식별 및 평가

① 자산식별

기업(또는 조직)의 정보보호와 관련하여 여러 위협에 대해 적절히 대응하기 위해서 가장 먼저해야 할 것은 보호해야할 자산을 식별하는 것이다.
자산의 식별은 일반적으로 서버, 네트워크장비, 응용프로그램(어플리케이션), 정보보호시스템, 데이터, 인적자산, 시설 등으로 구분할 수 있다.

② 중요도(민감도) 평가

기업(또는 조직)이 보호해야할 자산의 식별이 완료되며, 자산의 중요도를 평가하게 된다. 자산의 중요도 평가는 일반적으로 정량적 평가를 하게 된다.
정량적 평가를 위한 지표는 조직별로 다양하게 적용할 수 있으나, 일반적으로 정보보호의 3요소인 무결성, 기밀성, 가용성의 합으로 구할 수 있다.

자산명	목적/기능	소유부서	자산 위치	관리자	담당자	자산민감도 평가			
						기밀성	무결성	가용성	평가합계
Server_U_001	A 서비스 WAS 서버01	온라인팀	서울 IDC	ooo팀장	ooo과장	3	3	1	7
Server_U_002	A 서비스 WAS 서버02	온라인팀	서울 IDC	ooo팀장	ooo과장	3	3	1	7
Server_W_001	A 서비스 WEB 서버01	온라인팀	서울 IDC	ooo팀장	ooo과장	2	2	1	5
Server_W_002	A 서비스 WEB 서버02	온라인팀	서울 IDC	ooo팀장	ooo과장	2	2	1	5
Server_W_003	A 서비스 WEB 서버03	온라인팀	서울 IDC	ooo팀장	ooo과장	2	2	1	5

2) 위험분석 및 평가

① 위험분석

자산을 식별하고 식별된 자산의 중요도를 평가하였다면, 다음은 해당 자산에 대한 위협과 취약점을 도출하게 된다.

일반적으로 위협은 자산의 영향을 발생시킬 수 있는 원인을 말하며 자산의 기밀성, 무결성, 가용성을 위태롭게 할 수 있는 상황을 말한다. 이에 비해 취약점은 위협이 실제로 자산에 손실을 끼칠 수 있는 상황을 말하며, 일반적으로 취약점 점검을 통해서 실제 도출한 문제점(취약점)을 말한다.

자산명	위험	자산 중요도	취약점 항목	취약점 정도	위험도
UTM01	설정 오류	3	407 NTP 서버 연동	2	7
UTM02	설정 오류	3	407 NTP 서버 연동	2	7

위 그림에서는 자산에 대한 위협과 자산이 가지고 있는 취약점을 매칭하여 해당 자산의 위험을 분석(식별)하였다.

이러한 위험분석 방법은 다양한 방법론이 존재하며, 위와 같이 위협과 취약점을 개별로 구하는 방법도 있으나, 위협과 취약점을 연계하여 하나의 시나리오를 만든 후 이를 우려사항(Concern)이라는 하나의 지표로 만들어 사용하기도 한다.

> **깨알 TIP**
>
> I. 취약점 점검에 대한 기준은 정해진 것이 아니라 기업(또는 조직)의 특성에 따라 정의하여 사용할 수 있으나, 일반적으로 가장 많이 사용되는 형태는 다음과 같다.
>   1. **관리적(물리적)취약점 점검**
>   - 정보보호관리체계 긴증기준 및 관련 법률에서 요구사항으로, ISO27001 인증을 준비하는 경우 ISO27001에서 요구하는 통제항목을 기준으로 이행여부를 점검함
>   2. **기술적 취약점 점검**
>   1) 서버 등 시스템
>   - 주요정보통신기반시설 취약점 점검 기준(상, 중, 하 중에서 기업(또는 조직)이 적절히 선택가능)
>   2) 어플리케이션(웹, 앱)
>   - 주요정보통신기반시설 취약점 점검 기준 또는 OWASP Top10 등
>   3) PC 등 단말기
>   - 주요정보통신기반시설 취약점 점검 기준 또는 내PC지킴이 항목 등
>
> II. 취약점 점검은 임대자산인 경우에도 취약점 점검의 대상이 되며, 정보보호관리체계를 수립하는 기업(또는 조직)이 임대자산에 대한 관리자 권한을 가지는 경우 직접 점검을 할 수 있으나, 관리자 권한을 가지지 않은 경우 유지보수 계약이 체결된 협력사를 통해서 점검을 의뢰하거나 점검을 요청하여야 한다.
>
> III. 취약점 점검을 할 때 사용하는 취약점 점검항목은 정해진 것이 아니라 기업(또는 조직)의 상황에 맞추어 선택 적용할 수 있다. 위의 설명은 일반적으로 가장 많이 사용되는 예를 말한 것으로, 반드시 위 기준대로 하여야 한다는 것을 의미하는 것은 아니다.

② 위험평가

 자산에 대한 위험분석이 완료되었다면, 분석된 위험을 정량적인 수치로 환산하여야 하여 위험도 값을 구하며, 이를 위험평가라 한다. (위험분석과 평가를 하나의 활동으로 볼 수도 있음)

자산명	위험	자산 중요도	취약점 항목	취약점 정도	위험도
UTM01	설정 오류	3	407 NTP 서버 연동	2	7
UTM02	설정 오류	3	407 NTP 서버 연동	2	7

 여기서는 자산의 중요도 값과 취약점의 취약정도 값을 종합하여 위험도 값을 도출하였다.

3) 위험조치 및 대응

① 수용가능위험수준(DoA) 정의

 위험분석 및 평가가 완료되었다면 기업(또는 조직)이 대응할 위험의 수준 즉, 수용가능위험수준(DoA)를 정의하여야 한다.
 DoA수준을 높게 설정하면 조치(대응)하여야 할 위험은 줄어들지만 잔여위험이 많아지게 되며, DoA수준을 낮게 설정하면 조치(대응)하여야 할 위험이 증가하여 조직의 위험조치 비용이 증가하게 된다. 따라서 비용대비효과를 고려하여 DoA를 정의하여야 한다.

② 위험조치/대응

 DoA가 정의되면 DoA이상이 위험에 대해서는 해당 위험을 완화시키기 위한 조치가 적용되어야 한다. 위험을 완화하기 위한 조치로는 위험회피, 위험완화, 위험전가, 위험수용(용인), 위험무시 등이 있으며 위험을 조치할 때는 현행의 대책에 대해서 평가하고 현재의 대책이 부족한 경우 추가적이 대책을 적용하여야 한다.

4) 모니터링

 위험평가후 위험을 조치하기 위한 대책이 수립되고 적용되면, 이후 지속적으로 위험에 대해서 확인하고 관리하여야 한다.
 이때 기존의 위험 중 조치를 통해 사라진 위험을 식별하고, 잔여위험에 대해 위험도를 재산정하며, 새롭게 등장한 위험을 식별하고 평가하여야 한다.

3.3 위험분석 및 평가 기법

3.3.1 종류

정보기술 보안 관리를 위한 국제 표준 지침인 ISO/IEC 13335-1에서는 위험분석 및 평가 기법을 크게 다음 4가지로 나눈다.

① 베이스라인 접근법(Baseline approach)
② 비정형 접근법(Informal approach)
③ 상세 위험분석(Datailed risk analysis)
④ 복합 접근법(Combined approach)

3.3.2 기법별 상세

1) 베이스라인 접근법(Baseline approach)

베이스라인 접근법은 모든 시스템에 대하여 표준화된 보호대책의 세트를 체크리스트 형태로 제공한다. 이 체크리스트에 있는 보호대책이 현재 구현되어 있는지를 조사하여, 구현되지 않은 보호대책을 식별한다. 따라서 베이스라인 접근법(Baseline approach)에서는 체크리스트에 대한 의존도가 아주 높은 방식으로서, 체크리스트의 중요도가 아주 높은 기법이다.
 이러한 방식은 분석의 비용과 시간이 대단히 절약된다는 장점은 있으나, 과보호 또는 부족한 보호가 될 가능성이 상존하게 된다. 즉, 그 기업(또는 조직)에 적합한 체크리스트를 사용하지 않은 경우에는 위험분석을 하지 않은 상태가 될 수도 있게 된다.
 또한 이런 방식은 기업(또는 조직)의 자산 변동이나 새로운 위협/취약성의 발생 또는 위협 발생률의 변화 등 보안환경의 변화를 적절하게 반영하지 못한다는 문제점도 있다. 그리고 체크리스트 방식은 담당자로 하여금 보안 상태 자체보다 체크리스트를 통해 나타나는 점수에 집착하게끔 하여 보안요구사항에 따른 우선순위보다는 구현 용이성에 따라 정보보호대책을 구현하게 되는 경향을 만들기도 하므로 사용 시 주의하여야 한다.
 하지만 이러한 베이스라인 접근법은 분석의 비용과 시간이 대단히 절약된다는 장점으로 인해 ISO27001, ISMS, PIMS, ISMS-P 등의 인증심사에서 가장 많이 사용되는 기법이다.

2) 비정형 접근법(Informal approach)

비정형 접근법(Informal approach)은 구조적인 방법론에 기반하지 않고, 경험자의 지식을 사용하여 위험분석을 수행하는 것이다. 따라서 이 방식은 수행하는 인력의 경험과 지식이 무엇보다도 중요하다.
 이 방식은 상세 위험분석보다 빠르고 비용이 덜 들며, 특정 위험분석 방법론과 기법을 선정하여 수행하지 않고 수행자의 경험에 따라 중요 위험 중심으로 분석한다.
 이 방식은 작은 규모의 기업(또는 조직)에는 적합할 수 있으나 새로이 나타나거나 수행자의 경험분야가 적은 위험 영역을 놓칠 가능성이 있다. 또한, 논리적이고 검증된 방법론이 아닌, 검토자의 개인적 경험에 지나치게 의존하므로 사업 분야 및 보안에 전문성이 높은 인력이 참여하여 수행하지 않으면 실패할 위험이 있다.

3) 상세 위험분석(Datailed risk analysis)

　상세 위험분석(Detailed risk analysis)은 자산분석, 위협 분석, 취약성 분석의 각 단계를 수행하여 위험을 평가하는 것이다. 앞서 "위험관리 프로세스"에서 설명한 방식이 이 방식이다.
　이 방식은 방법론에 따라서는 취약성 분석과 별도로 설치된 정보보호대책에 대한 분석을 수행하기도 한다. 따라서 이 방식은 각 요소들에 대한 정량적 평가가 가장 중요하다.
　이 방식은 자산 및 보안 요구사항을 구체적으로 분석하여 가장 적절한 대책을 수립할 수 있으며, 자산, 위협, 취약성의 목록이 작성, 검토되었으므로 이후 변경이 발생하였을 때 해당 변경에 관련된 사항만을 추가, 조정, 삭제함으로써 보안 환경의 변화에 적절히 대처할 수 있다.
　그러나 이런 방식은 분석에 시간과 노력이 많이 소요되며 채택한 위험분석 방법론을 잘 이해해야 하므로 비정형 접근법과 마찬가지로 고급의 인적 자원이 필요하다.

4) 복합 접근법(Combined approach)

　복합 접근방법(Combined approach)은 고위험(high risk) 영역을 식별하여 상세 위험분석을 수행하고, 그 외의 다른 영역은 베이스라인 접근법을 사용하는 방식이다.
　이 방식은 비용과 자원을 효과적으로 사용할 수 있으며, 고위험 영역을 빠르게 식별하고 적절하게 처리할 수 있다는 장점이 있어 많이 사용된다.
　그러나 고위험 영역을 잘못 식별하였을 경우 위험분석 비용이 낭비되거나, 부적절하게 대응될 수도 있는 단점이 있다.

3.4 위험대응 방안 및 전략

3.4.1 종류

1) 위험 회피(Risk Avoid)

위험 회피 전략은 위험을 발생시킬 수 있는 프로세스나 특정 활동을 하지 않음으로써 위험의 원인을 제거하는 방법이다.

위험 회피 전략은 위험이 발생할 수 있는 상황이나 가능성을 제거함으로써 위험의 원인을 제거하므로 일부 영역에서만 가능한 방법으로, 전체 위험을 제거할 수는 없다.

위험 회피 전략의 대표적 방법으로서는 시스템 폐기, 물리적 구조변경 등이 있다.

2) 위험 완화(Risk Mitigate) 또는 위험절감(Risk Reduction)

위험 완화(또는 위험절감)은 적절한 통제를 정의하고 구현하여 위험의 발생 가능성과 영향을 줄이는 방법을 말한다.

가장 일반적인 위험 대응 방안으로 대부분의 위험 관리 대책은 위험 완화에 해당한다.

위험 완화(또는 위험절감)의 대표적 방법으로서는 직무분리, 접근통제시스템 구축, 암호화 등이 있다.

3) 위험 전가(Risk Transfer)

위험 전가는 파트너 회사와 위험을 공유하거나 보험, 계약 등의 다른 수단으로 위험을 다른 개체에게 이전하는 방법을 말한다.

이 전략은 위험의 영향은 매우 크지만 발생의 가능성이 적거나, 우리 기업(또는 조직)보다 위험을 더 잘 관리할 수 있는 기업(또는 조직)이 있을 때 적용할 수 있으며, 위험 전가 전략을 적용할 때에는 불공정 거래 등의 소지가 없도록 유의해야 한다.

위험 전가 전략의 대표적 방법으로서는 보험가입, 외주 위탁 등이 있다.

4) 위험 수용(Risk Accept)

위험 수용은 다른 말로는 위험 감수 또는 위험 용인이라고도 표현한다.

위험 수용은 공식적으로 위험의 존재를 인식하고 모니터링만 수행하고, 위험이 실제로 발생하면 사후 대응하는 형태로서 이 방법은 위험 대응 비용이 편익을 초과하거나, 비용대비 타당한 위험관리 대책이 존재하지 않을 경우 선택할 수 있다.

위험 수용 전략의 대표적 방법으로서는 인력부족에 따른 겸직 허용 등이 있다.

5) 위험 무시(Risk Ignore)

위험 무시는 위험 자체를 무시하는 방법이다.

위험에 대해 아무런 대처를 하지 않는 방법으로서, 위험의 영향과 가능성이 극도로 낮을 경우 선택할 수 있다.

참고로 위험대응 전략 중 위험 무시 전략은 매우 비현실적 대응으로 대단히 위험한 방법이라 할 수 있다.

3.4.2 특징

일반적으로 위험의 가능성과 영향이 크면 위험 회피전략을 사용하며, 위험의 가능성과 영향이 극도로 낮을 경우 위험 무시전략도 가능하다.

위험의 가능성과 영향이 일정범위라면 위험을 완화, 전가, 수용하여야 한다.

4. ISO27001 인증기준

앞서 ISO27001:2013 Document는 정보보호를 위한 경영시스템 즉, 정보보호관리체계를 수립하여 운영하고자 하는 기업(또는 조직)이 필수적으로 갖추어야 할 요구사항에 대해 정의한 문서로 총 10개 영역으로 구성되어 있다. 10개 영역 중 1번에서 3번은 해당 문서에 대한 일반적 사항이며, 4번에서 10번 영역이 실제 조직이 관리체계 수립과 관련하여 갖추어야 할 내용을 의미한다고 하였다.

이 절에서는 실제 조직이 정보보호 관리체계를 위해 수립해야 할 4번에서 10번까지의 요구사항을 중심으로 요구사항별 심사기준과 기법에 대해서 상세하게 설명하고자 한다.

4.1 ISO27001:2013 Document 1번 (범위)

1) 심사기준 및 해설

영역	세부영역	기준(요구사항)
1. 범위	-	본 국제표준은 조직의 상황에 맞게 정보보호 경영시스템을 수립, 구현, 유지, 지속적 개선하기 위한 요구사항을 명시하고 있다. 또한 본 국제표준은 조직의 요건에 맞추어 수행되는 정보보호 위험의 평가와 처리에 대한 요구 사항을 포함하고 있다. 본 국제표준의 요구사항은 유형, 규모, 특성에 상관없이 모든 조직에 적용할 수 있도록 일반적인 내용으로 설정한 것이다. 4번에서 10번에 명시된 요구사항 중에서 하나라도 만족하지 않으면 본 국제표준을 준용한 조직으로 인정할 수 없다.

ISO27001:2013 Document의 1번인 "범위"영역에서는 본 문서가 적용되는 범위를 정의하는 영역으로서, 본 문서가 기업(또는 조직)의 상황에 맞게 정보보호 경영시스템을 수립, 구현, 유지, 지속적 개선하기 위한 요구사항을 명시하는 것을 의미하며, 이는 ISO27001:2013 Document 4번의 "조직의 환경"에서 10번의 "개선"까지에서 명시한 요구사항 중 하나라도 만족하지 않으면 안 된다는 것을 의미하고 있다.

2) 심사기법

- 기업(또는 조직)이 수립한 정보보호 관리체계가 ISO27001:2013 Document에서 요구하는 4번에서 10번까지 명시된 요구사항을 모두 포함하여 수립되어 있는지 확인하여야 한다.

 ISO27001:2013 Document에서 요구하는 4번에서 10번까지 명시된 요구사항은 기업(또는 조직)의 규모나 서비스 유형 등에 무관하게 필수적으로 갖추어야 하는 사항으로 어떠한 경우에도 제외할 수 없다.

4.2 ISO27001:2013 Document 1번 (인용규격)

1) 심사기준 및 해설

영역	세부영역	기준(요구사항)
2. 인용규격	-	다음 문서의 전체 또는 일부는 본 문서에 대한 규범적인 참조이며, 본 문서의 적용을 위해 반드시 필요하다. 발행 일시가 명시된 경우는 해당 판만 적용되며, 발생일시가 명시되지 않은 경우는 참조된 문서의 최신판(개정판 포함)을 적용한다.

ISO27001:2013 Document의 2번인 "인용규격"영역에서는 본 문서의 인용에 대한 부분으로서 ISO27001:2013 Document에서 내용을 참조하고 있다는 것을 의미하여, 이러한 적용기준과 관련하여 최신의 문서를 적용해야 함을 의미한다.

2) 심사기법

- 기업(또는 조직)이 수립한 정보보호 관리체계가 ISO27001의 어떠한 버전을 기준으로 하고 있는지 확인한다.
  - 현재 최신 버전은 2013이다.

4.3 ISO27001:2013 Document 3번 (용어 및 정의)

1) 심사기준 및 해설

영역	세부영역	기준(요구사항)
3. 용어 및 정의	-	본 문서의 목적을 위하여 ISO/IEC 27000에서 지정한 용어와 정의를 적용한다.

ISO27001:2013 Document의 3번인 "용어 및 정의"영역에서는 본 문서의 목적을 위해 정의되는 용어들에 대해서 이곳에서 정의할 수 있음을 의미하며, 이곳에 정의할 수 있는 용어들로는 다음과 같은 것들이 있다.

2) 심사기법

- 기업(또는 조직)이 수립한 정보보호 관리체계 수립 및 운영을 위한 주요 용어 등에 대해서 정의하고 있어야 한다.

> **깨알 TIP**
>
> 별도 용어 정의가 되어 있지 않는 경우 기본적으로 ISO27001:2013 Document에서의 용어 정의를 준용하게 되며, 일반적으로 정의되는 용어로서는 다음과 같은 것들이 있다.
>
> 〈용어정의 예시〉
>
> 3.1 자산 : 조직이 가지는 어떠한 가치를 의미한다.
> 3.2 가용성 : 인가된 객체의 요구에 의해 접근 가능하고 사용 가능한 특징을 의미한다.
> 3.3 기밀성 : 비인간된 개인, 객체, 프로세스들에게 사용 가능하지 않도록 만들어졌거나 열리지 않도록 만들어진 정보의 특징을 말한다.
> 3.4 정보보안 : 기밀성, 무결성, 정보의 가용성의 보존을 의미하여, 확실성, 책임성, 부인방지와 같은 다른 특징들도 포함될 수 있다.
> 3.5 정보보안 사건 : 정보 보안 정책이나 보호의 실패 또는 사전에 알려지지 않은 보안 관련 상황에서 가능한 오류를 나타내는 시스템, 서비스 또는 네트워크의 상태에 대한 식별된 사건을 말한다.
> 3.6 정보보호 경영시스템(ISMS) : 업두 위험접근을 기반으로 한 정보보안의 수립, 이행, 운영, 감시, 검토, 유지 및 개선을 위한 전체적인 경영 시스템의 한 부분을 말한다.
> 3.7 무결성 : 정확성과 자산의 완전함을 보호하는 특징을 말한다.
> 3.8 잔여위험 : 위험처리 후 남아 있는 위험을 말한다.
> 3.9. 위험승인 : 위험을 받아들이는 결정을 말한다.

4.4 ISO27001:2013 Document 4번 (조직의 환경)

1) 심사기준 및 해설

영역	세부영역	기준(요구사항)
4. 조직의 환경	4.1 조직과 상황에 대한 이해	조직은 조직의 목적에 적합하고 정보보호 경영시스템이 추구하는 결과에 도달하기 위해 자체적인 능력에 영향을 주는 내부 및 외부 이슈를 결정하여야 한다. 주: 이러한 이슈는 ISO31000:2009[5]의 5.3절에서 다루고 있는 조직 외부 및 내부 상황의 설정을 참고하여 결정한다.
	4.2 이해당사자의 요구와 기대에 대한 이해	조직은 다음과 같은 사항을 결정하여야 한다. 가) 정보보호 경영시스템과 연관된 조직의 이해당사자 나) 정보보호와 연관된 이해당사자의 요구사항 주: 이해당사자의 요구사항에는 법적 및 규제적 요구사항 과 계약상 의무가 포함될 수 있다.
	4.3 ISMS의 범위 결정	조직은 정보보호 경영시스템의 범위를 설정하기 위하여 경계선과 적용가능성을 결정하여야 한다. 조직은 범위를 결정할 때 다음과 같은 사항을 고려하여야 한다. a) 4.1절에서 설명한 외부 및 내부적인 이슈 b) 4.2절에서 설명한 요구사항 c) 조직에서 수행하는 활동과 타 조직에서 수행하는 활동 간의 인터페이스 및 의존성 범위는 문서 정보로 존재하여야 한다.
	4.4 정보보호 경영 시스템	조직은 본 국제표준의 요구사항에 따라 정보보호 경영시 스템을 수립, 구현, 유지, 지속적 개선하여야 한다.

ISO27001:2013 Document의 4번인 "조직환경"영역에서는 기업(또는 조직)의 상황, 이해당사자 요구사항, ISMS의 범위설정 및 지속적 개선에 대해서 하위 4개의 세부 영역으로 나누어 기준을 제시하고 있다.

2) 심사기법

- 정보보호관리체계를 수립하고자 하는 기업(또는 조직)은 기업(또는 조직)이 현재 처하고 있는 내, 외부 이슈사항에 대해서 식별하여야 한다.
- 정보보호관리체계를 수립하고자 하는 기업(또는 조직)은 내·외부의 이해당사자를 식별하고 이해당사자의 요구사항에 대해서 식별하여야 한다.
- 정보보호경영시스템(정보보호관리체계 일명 ISMS)의 범위 설정 시, 앞서 설명한 내/외부 이슈와 이해당사자의 요구사항을 고려하여야 한다.
  - 그리고, 범위는 반드시 문서화된 형태로 만들어야 한다.
- ISMS수립 후 지속적 관리를 하고 개선하여야 하며 그러한 체계가 유지되어야 한다.

> **깨알 TIP**
>
> 정보보호관리체계 수립 시, 기업(또는 조직)의 내·외부 환경 및 이해관계자를 분석하여야 하며, 이때 정보보호관리체계 수립 시 영향을 받게 되거나 영향을 주는 요소와 관련 부서(및 인원) 등이 직접인 내·외부 환경 및 이해관계자가 된다.
>
> 예를 들어 정보보호관리체계 수립하고자 하는 서비스가 개인정보처리시스템이면 개인정보보호와 관련된 법률 등이 환경요소가 되고, 해당 개인정보처리시스템을 사용하는 고객과 관리하는 내부 임직원 및 외주 운영인력 등이 이해관계자가 되며, 이러한 요소들이 정보보호관리체계 범위 설정 시 고려되고 포함되어야 한다.

4.5 ISO27001:2013 Document 5번 (리더십)

1) 심사기준 및 해설

영역	세부영역	기준(요구사항)
5. 리더십	5.1 리더십과 의지	최고 경영진은 다음과 같은 활동을 통하여 정보보호 경영시스템에 대한 지도력과 의지를 보여주어야 한다. a) 정보보호 정책과 정보보호 목적을 수립하고 조직의 전략적 방향과 일치함을 보장 b) 정보보호 경영시스템의 요구사항을 조직의 프로세스와 통합하도록 보장 c) 정보보호 경영시스템에 필요한 자원을 확보하도록 보장 d) 효과적인 정보보호 경영시스템의 중요성과 정보보호 경영시스템에 대한 요구사항 준수의 중요성에 대한 의사소통 e) 정보보호 경영시스템이 의도한 결과에 도달하도록 보장 f) 정보보호 경영시스템의 효과성에 기여할 인력에 대한 지휘와 지원 g) 지속적인 개선의 촉진 h) 그 밖에 리더십이 다른 관련 경영진의 책임 영역에 적용되는 경우 그 경영진의 역할을 지원
	5.2 정책	최고 경영진은 다음과 같은 내용을 만족하는 정보보호 정책을 수립하여야 한다. a) 조직의 목적에 적합하여야 한다. b) 정보보호 목적(6.2 참조)을 포함하거나 정보보호 목적을 위한 프레임워크를 제공하여야 한다. c) 정보보호에 관련된 적용 가능한 요구사항을 만족시키도록 하는 의지를 포함하여야 한다. d) 정보보호 경영시스템의 지속적인 개선을 위한 의지를 포함하여야 한다. 정보보호 정책은 다음을 만족하여야 한다. e) 문서 정보로 이용할 수 있어야 한다. f) 조직 내부에 공표하여야 한다. g) 필요한 이해관련자가 이용할 수 있어야 한다.
	5.3 조직의 역할, 책임, 권한	최고 경영진은 정보보호와 관련된 역할에 따른 책임과 권한이 조직 내에 할당되고 전달되었는지 확인하여야 한다. 최고 경영진은 다음과 같은 활동에 대한 책임과 권한을 할당하여야 한다. a) 정보보호 경영시스템이 본 국제표준의 요구사항을 준용하고 있음을 보장 b) 정보보호 경영시스템의 성과를 최고 경영진에게 보고 주: 최고경영진은 조직 내부에 정보보호 경영시스템의 성과를 보고하기 위한 책임과 권한을 할당할 수도 있다.

ISO27001:2013 Document의 5번인 "리더십"영역에서는 정보보호관리체계를 수립하고 운영하고자 하는 기업(또는 조직)의 경영진이 정보보호와 관련하여 그 의지를 표현하여야 함을 강조하고 있고, 관련하여 경영진의 의지표현의 방법과 정책, 그리고 정보보호 조직의 구성 등에 대해 하위 3개의 세부 영역으로 나누어 기준을 제시하고 있다.

2) 심사기법

- 정보보호관리체계를 수립과 관련하여 경영진의 의지가 적절히 표현되고 있어야 하며, 그러한 의지표현은 객관적인 자료를 통해 확인할 수 있어야 한다.
- 정보보호관리체계를 수립과 관련하여 적절한 정보보호 정책이 수립되어 있어야 한다.
    - 수립된 정보보호정책은 문서화되어 있는가?
    - 수립된 정보보호정책은 조직 내부에 공표되어 있는가?
    - 수립된 정보보호정책은 필요한 이해관계자가 즉시 이용할 수 있는가?
- 정보보호관리체계를 수립하고 운영하기 위한 정보보호 전담조직이 구성되고, 그에 대한 권한과 책임이 적절히 할당되어 있어야 한다.

깨알 TIP

정보보호 정책(하위의 지침 포함)이 반드시 출력된 문서형태로 존재하여야 하는 것은 아니며, 기업(또는 조직) 내부에 공표의 경우도 그룹웨어, 메일 등을 통해서 게시 또는 전달하는 형태도 가능하다. 중요한 것은 기업(또는 조직)의 구성원들이 정보보호정책의 존재를 인지하고 필요한 경우 손쉽게 접근할 수 있다면 그 방식은 크게 중요한 문제가 되지 않는다.

4.6 ISO27001:2013 Document 6번 (계획)

1) 심사기준 및 해설

영역	세부영역	기준(요구사항)

6. 계획	6.1 위험과 기회에 따른 조치	**6.1.1 일반사항**
		조직은 정보보호 경영시스템을 계획할 때 4.1절에서 명시한 이슈와 4.2절에서 명시한 요구사항을 고려하여야 하며, 다음과 같은 사항을 다루기 위해 필요한 위험과 기회를 파악하여야 한다.
		  a) 정보보호 경영시스템이 의도한 결과에 도달할 수 있음을 보장
		  b) 원하지 않은 효과의 방지 또는 감소
		  c) 지속적인 개선의 달성
		
		조직은 다음을 계획하여야 한다.
		  d) 위험 및 기회를 다루기 위한 조치
		  e) 다음을 수행하는 방법
		    1) 정보보호 경영시스템 프로세스와 조치를 통합하여 구현
		    2) 조치의 효과성에 대한 평가
		
		6.1.2 정보보호 위험평가
		조직은 다음과 같은 정보보호 위험평가 프로세스를 정의하고 적용하여야 한다.
		  a) 다음을 포함한 정보보호 위험기준의 수립 및 유지
		    1) 위험 수용기준
		    2) 정보보호 위험평가를 위한 기준
		  b) 반복적인 정보보호 위험평가의 결과가 일관성 있고 유효하며 비교 가능하도록 보장
		  c) 정보보호 위험의 식별
		    1) 정보보호 경영시스템의 범위 내에서 기밀성, 가용성, 무결성의 손실과 연관된 위험을 식별하기 위한 정보보호 위험평가 프로세스의 적용
		    2) 위험 소유자의 식별
		  d) 정보보호 위험의 분석
		    1) 6.1.2의 c)의 1)에서 식별한 위험이 현실화된 결과의 잠재적 영향 평가
		    2) 6.1.2의 c)의 1)에서 식별한 위험의 실제적인 발생 가능성 평가
		    3) 위험 수준의 파악
		  e) 정보보호 위험 산정
		    1) 6.1.2의 a)에서 수립한 위험기준에 따른 위험분석 결과 비교
		    2) 위험 취급을 위해 분석된 위험의 우선순위 결정
		조직은 정보보호 위험평가 프로세스에 관한 문서 정보를 유지하여야 한다.

영역	세부영역	기준(요구사항)

6. 계획	6.1
	위험과 기회에 따른 조치
		6.1.3 정보보호 위험처리
		조직은 정보보호 위험처리 프로세스를 정의하고 적용하여야 한다.
		  a) 위험평가 결과를 감안한 적절한 정보보호 위험처리 방안의 선택
		  b) 선택한 정보보호 위험처리 방안의 구현에 필요한 모든 통제의 결정
		      주: 조직은 필요한 통제를 설계하거나 다른 출처로부터 식별할 수 있다.
		  c) 6.1.3의 b)에서 결정한 통제를 부속서 A의 통제와 비교 하여 필요한 통제 중 누락된 것이 없는지 검증
		주1: 부속서 A는 통제 목적과 통제에 대한 포괄적 목록 을 포함하고 있다. 본 국제표준의 사용자는 필요한 통제 중 간과한 것이 없음을 보장하기 위하여 부속서 A를 따른다.
		주2: 통제 목적은 선택한 통제에 묵시적으로 포함된다. 부속서 A에서 열거한 통제 목적과 통제는 전부가 아니며 추가적인 통제 목적과 통제가 필요할 수 있다.
		  d) 필요한 통제(6.1.3의b) 와 c) 참고)와 선택 사유, 구현 여부, 부속서 A의 통제 중 제외 사유를 포함한 적용보고서 (SoA, Statement of Applicability)의 작성
		  e) 정보보호 위험처리 계획의 수립
		  f) 정보보호 위험처리 계획과 잔여 정보보호 위험의 수용에 대한 위험 소유자의 승인 획득
		조직은 정보보호 위험처리 프로세스에 관한 문서 정보를 유지하여야 한다.
		
		주 : 본 국제표준의 정보보호 위험평가 및 처리 프로세스는 ISO 31000[5]에서 제공하는 원칙과 일반 가이드라인과 일치한다.

	6.2
	정보보호 목표 및 달성 계획
		조직은 적절한 기능과 수준으로 정보보호 목적을 수립하여야 한다.
		정보보호 목적은 다음과 같은 사항을 만족하여야 한다.
		  a) 정보보호 정책과의 일관성 유지
		  b) 실현가능한 수준에서 측정 가능
		  c) 적용 가능한 정보보호 요구사항과 위험평가 및 위험처리 결과의 감안
		  d) 배포
		  e) 적절한 갱신
		조직은 정보보호 목적에 대한 문서 정보를 유지하여야 한다.
		
		정보보호 목적을 달성하는 방법을 계획할 때 조직은 다음과 같은 사항을 결정하여야 한다.
		  f) 수행 내용
		  g) 필요한 자원
		  h) 책임자
		  I) 완료 시기
		  j) 결과 평가 방법

ISO27001:2013 Document의 6번인 "계획"영역에서는 정보보호관리체계를 수립하고 운영하고자 하는 기업(또는 조직) 수행하여야 할 위험분석, 평가 및 조치 등 일련의 위험관리에 대한 내용과 정보보호 목표 달성을 위한 계획 등에 대해서 그 기준을 제시하고 있다. 참고로 6번 영역은 계획에 대한 내용으로 이에 대한 실행은 8번 영역에서 제시하고 있다.

※ 위험관리에 관한 상세 내용은 앞의 "3절 위험관리 상세" 부분을 참조

2) 심사기법

- 정보보호관리체계를 수립과 관련하여 기업(또는 조직) 내부의 위험관리 계획을 수립하여야 한다.
- 위험관리 계획에 위험 식별, 분석 및 평가 등에 대한 구체적 수행 계획이 포함되어야 한다.
    - 이때 정보자산 식별, 취약점 점검 등이 병행되어야 한다.
- 분석 및 평가된 위험에 대하여 수용가능 수준에 따라 위험처리 우선순위를 정하여 처리계획을 수립하여야 한다.
    - 이때, 부속서 A(ISO27002의 통제항목 의미)의 통제항목과 연계하여 조치계획을 수립하여야 한다.
    - 부속서 A이외에 추가적 통제를 적용하는 경우, 그 내용은 적용성 보고서에 포함하여야 한다.
- 기업(또는 조직)은 정보보호 목표를 수립하고 달성을 위한 구체적 계획을 수립하여야 한다.

기업(또는 조직)이 적용하고자 하는 위험분석 및 평가 방법은 정해진 기준이 없으며 기업(또는 조직)의 특성에 맞게 적용할 수 있다.

예를 들어 상세 위험분석 기법으로 위험을 분석/평가하고자 하는 경우에 정보자산에 대한 취약점 점검 결과를 바탕으로 위험도 값을 산술적으로 계산하게 되나, 만약 정보자산에서 발견된 취약점에 대해서는 별도 위험도 판단 없이 모두 조치하는 것으로 위험관리 전략(방법론)을 정의하였다면 정보자산에 대해 취약점을 기준으로 하는 위험도 값을 산정하는 절차는 별도로 수행하지 않을 수도 있다.

또한, 위험관리 계획 및 위험분석·평가 결과 등은 문서화된 형태로 만들어져 이해당사자 및 책임자의 검토와 승인을 받아야 한다.

4.7 ISO27001:2013 Document 7번 (지원)

1) 심사기준 및 해설

영역	세부영역	기준(요구사항)
7. 지원	7.1 자원	조직은 정보보호 경영시스템의 수립, 구현, 유지, 지속적 개선에 필요한 자원을 파악하고 제공하여야 한다.
	7.2 적격성	조직은 다음과 같은 사항을 수행하여야 한다. a) 정보보호 성과에 영향을 미치는 통제아래에서 작업을 수행하는 인력이 필요한 역량을 갖추고 있는지 파악한다. b) 적절한 교육이나 훈련 또는 경험을 근거로 역량을 갖춘 인력인지 확인한다. c) 필요한 역량을 습득할 수 있도록 조치하고, 조치에 대한 효과성을 평가한다. d) 역량의 증거로 적합하게 문서 정보를 유지한다. 주: 적용 가능한 조치에는 기존 인력에 대한 훈련, 지도, 업무 재배치 또는 역량을 갖춘 인력의 고용이나 계약 등 이 포함될 수 있다.
	7.3 인식	조직의 통제 하에서 작업을 수행하는 인력은 다음과 같은 사항을 인스하고 있어야 한다. a) 정보보호 정책 b) 정보보호 성과의 개선에 따른 이점을 포함한 정보보호 경영시스템의 효과성에 대한 기여 c) 정보보호 경영시스템의 요구사항을 준수하지 않은 경우에 미치는 영향
	7.4 의사소통	조직은 정보보호 경영시스템에 관련하여 다음과 같은 사항을 포함한 내부 및 외부와의 의사소통의 필요성을 파악하여야 한다. a) 의사소통 내용 b) 의사소통 시점 c) 의사소통 대상 d) 의사소통 주체 e) 효과적인 의사소통 프로세스

	7.5 문서정보	**7.5.1 일반사항**
		조직의 정보보호 경영시스템은 다음과 같은 사항을 포함하여야 한다.
		a) 본 국제표준에서 요구하는 문서 정보
		b) 정보보호 경영시스템의 효과성을 위해 조직에서 필요하다고 판단한 문서 정보
		주: 다음과 같은 이유로 인해 정보보호 경영시스템에서 문서 정보의 범위는 조직마다 상이할 수 있다.
		   1) 조직의 규모, 활동, 프로세스, 제품, 서비스의 유형
		   2) 프로세스의 복잡도와 프로세스 간의 상호작용
		   3) 인력의 역량

영역	세부영역	기준(요구사항)

7. 지원	7.5 문서정보	**7.5.2 생성 및 갱신**
		문서 정보를 생성하고 갱신할 때 조직은 다음과 같은 사항이 적합하도록 보장하여야 한다.
		    a) 식별 및 서술(예: 제목, 일자, 작성자, 참조번호)
		    b) 양식(예: 언어, 소프트웨어 버전, 도식) 및 매체(예: 종이, 전자문서)
		    c) 적절성과 타당성에 대한 검토 및 승인
		
		7.5.3 문서 정보의 통제
		정보보호 경영시스템과 본 국제표준이 요구하는 문서정보는 다음과 같은 사항을 보장하도록 통제하여야 한다.
		    a) 필요한 장소와 시점에 적절하게 사용 가능
		    b) 적합한 보호의 수행
		        (예: 기밀성 훼손, 부적절한 사용, 무결성 손상으로부터 보호)
		문서 정보의 통제를 위하여 조직은 다음과 같은 활동을 수행하여야 한다.
		    c) 배포, 접근, 검색, 사용
		    d) 저장 및 보존(가독성 확보 포함)
		    e) 변경 통제 (예:버전 통제)
		    f) 유지 및 폐기
		
		정보보호 경영시스템의 계획과 운영에 필요한 것으로 조직에서 판단한 외부 출처의 문서 정보를 식별하고 통제하여야 한다.
		
		주: 접근(access)은 문서 정보에 대해 읽기만 허용하거나 문서 정보를 읽고 변경하도록 허용하고 승인하는 등의 결정을 필요로 한다.

ISO27001:2013 Document의 7번인 "지원"영역에서는 정보보호관리체계를 수립하고 운영하고자 하는 기업(또는 조직)이 정보보호관리체계를 지속적으로 유지하고 개선하기 위한 적절한 지원을 하여야 함을 규정하고, 관련하여 충분한 자원할당, 적절한 자격을 갖춘 인력의 확보와 인력의 인식제고를 위한 활동, 내외부와의 의사소통 그리고 필요 문서에 대한 사항 등에 대해서 그 기준을 제시하고 있다.

2) 심사기법

- 정보보호관리체계를 수립 및 운영 등과 관련하여 기업(또는 조직) 내부에서 적절한 자원을 할당하고 있어야 한다.
- 정보보호관리체계를 수립 및 운영 등과 관련된 인력은 적절한 자격 요건을 갖추어야 하고, 그 기준 등은 문서로 유지하여야 한다.
    - 필요한 경우, 해당 인력 등어 대한 전문성확보를 위한 직무 교육 등이 계획되고 실시되어야 한다.
- 정보보호관리체계 내 인력은 기업(또는 조직)의 정보보호정책을 포함한 정보보호에 대한 인식을 갖고 있어야 한다.
- 정보보호관리체계 내에서 기업(또는 조직)은 내외부와 의사소통 대상, 시점, 주체 등을 포함한 의사소통 프로세스를 마련하고 있어야 한다.
- 정보보호관리체계 내에서 필요한 문서정보에 대한 생성, 갱신 및 관리 등에 대한 기준이 마련되어 있고, 그에 따라 관리되어야 한다.

> 문서와 관련하여 정보보호관리체계에서 요구하는 문서에 대한 범위와 문서의 생성, 관리를 포함하여 문서에 대한 통제 절차 등이 포함된 문서관리지침을 마련하여 적용하는 것이 필요하다.

4.8 ISO27001:2013 Document 8번 (운영)

1) 심사기준 및 해설

영역	세부영역	기준(요구사항)
8. 운영	8.1 운영 계획 및 통제	조직은 정보보호 요구사항을 만족시키고 앞선 6.1에서 파악한 활동을 구현하는데 필요한 프로세스를 계획, 구현, 통제하여야 한다. 또한 조직은 앞선 6.2에서 파악한 정보보호 목적에 도달하기 위한 계획을 구현하여야 한다. 조직은 프로세스가 계획대로 수행되었음을 확실하게 보여주기 위해 필요한 문서 정보를 유지하여야 한다. 조직은 계획에 따른 변경을 통제하고 의도되지 않은 변경의 결과를 검토하여 악영향을 감소시키기 위한 조치를 취하여야 한다. 조직은 외주 프로세스를 파악하고 통제하여야 한다.
	8.2 정보보호 위험 평가	조직은 계획된 주기에 따라 또는 중대한 변경이 예상되거나 발생한 경우에 6.1.2의 a)에서 수립한 기준을 감안하여 정보보호 위험평가를 수행하여야 한다. 조직은 정보보호 위험평가의 결과를 문서 정보로 유지하여야 한다.
	8.3. 정보보호 위험처리	조직은 정보보호 위험처리 계획을 구현하여야 한다. 조직은 정보보호 위험처리의 결과를 문서 정보로 유지하여야 한다.

ISO27001:2013 Document의 8번인 "운영"영역에서는 앞선 6번 영역에서 수립한 계획에 따른 실제 운영과 관련하여, 운영계획을 수립하고 그에 따라 통제를 적용하고 정보보호 위험평가를 실시하고 위험처리를 하도록 하는 활동에 대한 기준을 제시하고 있다.

2) 심사기법

- 정보보호관리체계 운영과 관련된 운영계획을 수립하여야 한다.
    - 운영계획은 구체적이어야 하며 문서화된 형태로 유지되어야 한다.
    - 운영계획에는 변경통제에 대한 내용도 포함되어야 한다.
    - 운영계획에는 외주관리 프로세스도 포함되어야 한다.
- 조직의 위험관리 계획에 따라 정보보호 위험평가를 실시하고, 그 결과를 문서화된 정보형태로 유지하여야 한다.
- 위험에 대한 처리 계획을 수립하고, 처리계획에 따른 위험 처리 결과는 문서화된 정보형태로 유지하여야 한다.

> **깨알 TIP**
> 정보보호관리체계의 운영은 기본적으로 계획에 기초하여 운영되어야 하며, 일반적으로 관리체계 내 주요 통제항목(부속서 A)들에 대한 활동들은 그 계획과 결과가 쌍으로 유지(계획서와 결과서가 존재하여야 함을 의미)되어야 한다.

4.9 ISO27001:2013 Document 9번 (성과평가)

1) 심사기준 및 해설

영역	세부영역	기준(요구사항)

9. 성과평가	9.1 모니터링, 측정, 분석, 평가	조직은 정보보호 경영시스템의 정보보호 성과와 효과성을 평가하여야 한다.
		
		조직은 다음과 같은 사항을 파악하여야 한다.
		   a) 정보보호 프로세스와 통제를 포함한 측정 및 모니터링대상
		   b) 유효한 결과를 보장하기 위한 모니터링, 측정, 분석, 평가 방법
		   주: 선택된 방법은 유효성을 확인할 수 있도록 비교 가능하고 재현 가능한 결과를 산출하여야 한다.
		   c) 모니터링 및 측정 수행 시점
		   d) 모니터링 및 측정 주체
		   e) 모니터링 및 측정 결과에 대한 분석과 평가 시점
		   f) 결과에 대한 분석과 평가 주체
		
		조직은 모니터링 및 측정 결과에 대한 증적으로 적절한 문서 정보를 유지하여야 한다.

	9.2 내부감사	조직은 정보보호 경영시스템에 대해 다음과 같은 사항을 확인할 수 있는 정보를 제공하도록 계획된 주기에 따라 내부 감사를 수행하여야 한다.
		   a) 다음 사항의 준수 여부
		      1) 정보보호 경영시스템에 대한 조직 자체의 요구사항
		      2) 본 국제표준의 요구사항
		   b) 효율적인 구현 및 유지 조직은 다음과 같은 사항을 수행하여야 한다.
		   c) 주기, 방법, 책임, 계획 요구사항, 보고 등을 포함한 감사 프로그램의 계획, 수립, 구현, 유지.
		감사 프로그램은 대상 프로세스의 중요성과 이전에 수행한 감사 결과를 감안하여야 한다.
		   d) 개별 감사에 대한 감사 기준 및 범위 정의
		   e) 감사인 선정 및 감사 프로세스의 객관성과 공정성을 보장하는 감사 수행
		   f) 감사 결과가 관련 경영진에게 보고되도록 보장
		   g) 감사 프로그램 및 감사 결과에 대한 증적으로 문서 정보의 유지

	9.3 경영진 검토	최고 경영진은 조직의 정보보호 경영시스템에 대한 지속적인 적정성, 정확성, 효과성을 보장하기 위하여 계획된 주기로 검토를 수행하여야 한다.
		
		경영진 검토에서는 다음과 같은 사항을 고려하여야 한다.
		   a) 이전에 수행한 경영진 검토에 따른 조치 상태
		   b) 정보보호 경영시스템과 연관된 외부 및 내부적인 이슈변화

영역	세부영역	기준(요구사항)

9. 성과평가	9.3 경영진 검토	c) 다음과 같은 추세를 포함한 정보보호 성과에 대한 피드백
		  1) 부적합 및 시정 활동
		  2) 모니터링 및 측정 결과
		  3) 감사 결과
		  4) 정보보호 목적의 충족
		d) 이해관계자로부터의 피드백
		e) 위험평가의 결과와 위험처리 계획의 상태
		e) 지속적인 개선 기회
		
		경영진 검토의 산출물은 지속적인 개선 기회에 관련된 의사결정과 정보보호 경영시스템의 변경을 위한 요구를 포함하여야 한다.
		
		조직은 경영진 검토의 결과에 대한 증적으로 문서 정보를 유지하여야 한다.

ISO27001:2013 Document의 9번인 "성과평가"영역에서는 정보보호관리체계 수립 및 운영결과에 대한 성과를 측정하는 것과 관련하여 그 기준과 방법 등을 마련하여 수행하도록 하고 있으며, 계획된 주기에 따른 내부감사의 실시를 포함하여 정보보호관리체계에 대한 적절성과 타당성 및 효과성을 주기적으로 점검하도록 요구하고 있다.

2) 심사기법

- 정보보호관리체계에 따른 정보보호 효과 및 성과를 모니터링하고 측정하며 분석 및 평가할 수 있는 방안이 마련되어 있어야 한다.
- 계획된 주기에 따라 내부감사가 수행되어야 하고 그 결과에 대해 조치되어야 한다.
  - 내부감사 계획 및 결과는 문서화된 정보로 유지되어야 한다.

> 정보보호관리체계가 적절히 유지되고 있는지에 대한 확인을 위해 내부감사를 수행하는 경우, 그 수행 시점은 관리체계가 수립되고 일정기간이 경과한 후 수행하는 것이 효과적이다.
> - 관리체계 최초 수립한 경우 : 최소 2~3개월 경과 후
> - 관리체계 운영중인 경우 : 위험분석 및 평가에 따라 이행 계획 수립 후 최소 2~3개월 경과 후

- 기업(또는 조직)의 정보보호관리체계에 대한 적절성, 타당성 및 효과성에 대해서 주기적으로 검토하여야 하며, 그 결과는 문서화된 정보로 유지되어야 한다.
  - 주요 검토 대상으로는 부적합에 대한 시정조치 결과, 내부감사 등에 대한 조치 결과, 모니터링 및 측정/분석 결과 등이 있다.

> 정보보호관리체계 성과에 대한 경영진 검토는 주요 활동에 대한 결과 및 성과에 대해서 검토하는 것으로서 그 수행여부는 경영검토 결과(또는 정보보호위원회 회의결과 등)로 유지된다.

4.10 ISO27001:2013 Document 10번 (개선)

1) 심사기준 및 해설

영역	세부영역	기준(요구사항)

10. 개선	10.1 부적합 및 시정조치	부적합(nonconformity)이 발생하면 조직은 다음과 같은 사항을 수행하여야 한다.
		a) 다음을 포함한 부적합에 대한 대처
		  1) 통제 및 시정을 위한 조치
		  2) 결과의 처리
		b) 부적합이 재발하거나 다른 곳에서 발생하지 않도록 다음과 같은 사항을 수행하여 부적합의 원인을 제거하기 위한 조치의 필요성을 평가
		  1) 부적합의 검토
		  2) 부적합의 원인 파악
		  3) 유사 부적합의 존재 또는 잠재적 부적합의 발생 가능성 파악
		c) 필요한 조치의 구현
		d) 시정 조치의 효과성 검토
		e) 필요한 경우 정보보호 경영시스템의 변경 발생한 부적합의 영향에 따라 적절한 시정 조치를 취해야 한다.
		
		조직은 다음에 대한 증적으로 문서 정보를 유지하여야 한다.
		f) 부적합과 이에 따른 조치의 특성
		g) 시정 조치의 결과

	10.2 지속적 개선	조직은 정보보호 경영시스템의 적정성, 정확성, 효과성을 지속적으로 개선하여야 한다.

ISO27001:2013 Document의 10번인 "개선"영역에서는 정보보호관리체계 수립 및 운영결과에 대한 성과를 측정 결과에 대해 미흡사항을 조치하고, 지속적으로 정보보호 관리체계가 개선될 수 있도록 하는 계획과 활동을 요구하고 있다.

2) 심사기법

- 정보보호관리체계에 대한 성과 측정(예 : 내부감사 등)을 통해 발견된 부적합 사항에 대한 시정조치가 이루어져야 한다.
    - 부적합 사항이 재발하지 않도록 원인을 파악하여야 한다.
    - 부적합 사항에 대해 적절한 조치를 하고 그 결과를 문서화된 정보로 유지하여야 한다.

깨알 TIP

모든 부적합 사항에 대해서는 분석을 통해 발생 원인을 파악하고 발생 원인을 해결하기 위한 조치를 취하여야 한다. 예를 들어 A정보시스템에서 발견된 취약점에 대해서 위험조치를 하여야 하나 조치가 되지 않아 부적합이 발견된 경우, 그 부적합의 원인(예: 단순실수, 담당자 역량부족, 조치 미흡 등)을 파악하고 향후 재발방지를 위한 계획도 포함하여 조치하여야 한다.

정보보호경영시스템구축 운영을위한
ISO27002(통제항목)의 이해

저자정보

권재욱

- (전) 정보통신부, 행정안전부 근무(데이터센터 인프라 구축 및 운영)
- (전) NHN 근무(IT 서비스 관리체계(ITSM) 구축 및 운영)
- (현) 유앤아이플러스 대표, ISO 연수기관 에이써티 전문강사
- ISO/IEC27001(27017, 27018, 27701, 27799), 20000-1 선임심사원
- ISMS-P 인증심사원, 개인정보보호 전문강사
- 관리체계(ISO, ISMS-P 인증) 컨설팅, 네트워크, 보안 진단및 마스터플랜 컨설팅

목 차

2부 정보보호경영시스템구축 운영을위한 ISO27002(통제항목)의 이해와 실무

- 저자정보 · 64
- 들어가며 · 66
- 5. 정보보호 정책   5.1 정보보호를 위한 경영 방침   68
- 6. 정보보호 조직   6.1 내부 조직   70
                          6.2 모바일 기기 및 원격근무   73
- 7. 인적 자원 보안   7.1 고용 전   76
                          7.2 고용 중   78
                          7.3 고용 종료 및 직무 변경   81
- 8. 자산 관리   8.1 자산에 대한 책임   82
                          8.2 정보 등급 분류   85
                          8.3 매체 취급   88
- 9. 접근통제   9.1 접근통제 업무 요구사항   90
                          9.2 사용자 접근관리   92
                          9.3 사용자 책임   96
                          9.4 시스템 및 애플리케이션 접근통제   97
- 10. 암호화   10.1 암호통제   102
- 11. 물리적 및   11.1 보안 구역   106
     환경적 보안   11.2 장비   110
- 12. 운영 보안   12.1 운영 절차 및 책임   116
                          12.2 악성코드 방지   120
                          12.3 백업   122
                          12.4 로그 기록 및 모니터링   123
                          12.5 운영 소프트웨어 통제   126
                          12.6 기술적 취약점 관리   127
                          12.7 정보시스템 감사 고려사항   129
- 13. 통신 보안   13.1 네트워크 보안관리   130
                          13.2 정보 전송   133
- 14. 시스템 도입,   14.1 정보시스템 보안 요구사항   138
     개발, 유지보수   14.2 개발 및 지원 프로세스 보안   141
                          14.3 시험 데이터   147
- 15. 공급자 관계   15.1 공급자 관계 정보보호   148
                          15.2 공급자 서비스 전달관리   152
- 16. 정보보호 사고 관리   16.1 정보보호 사고 관리 및 개선   154
- 17. 업무연속성 관리의   17.1 정보보호 연속성   160
     정보보호 측면   17.2 이중화   163
- 18. 준거성   18.1 법적 및 계약 요구사항 준수   164
                          18.2 정보보호 검토   168

0. 들어가며

1. 개요

본 장에서는 조직의 정보보호 위험 환경을 고려한 통제의 선택, 구현, 관리를 포함한 조직적인 정보보호 표준을 위한 지침과 정보보호 경영 실무에 대한 지침을 제공한다. 이를 위하여 ISO/IEC 27002:2013 edition을 기준으로 설명하고자 한다.

ISO/IEC 27001은 조직의 전체 사업 위험의 맥락에서 공식화된 정보보호 경영시스템(ISMS)을 구축, 이행, 운영, 모니터링, 검토, 유지, 개선하는 것에 관한 요구사항을 규정한다. 또한 개별 조직 또는 그 조직 일부의 요구에 맞춘 정보보호 통제수단의 이행에 관한 요구사항을 규정한다. 이 표준은 조직의 유형, 규모, 성격에 상관없이 모든 조직에서 사용할 수 있다.

조직이 ISMS를 운영하여 보호하고자 하는 정보 자산과 관련된 위험을 통제 및 완화하기 위한 일련의 통제수단을 포함해, ISMS의 개발 및 운영에 관한 규범적 요구사항을 규정한다. ISMS를 운영하는 조직들은 ISMS의 적합성을 심사 및 승인 받을 수 있다. 부속서 A에 제시된 통제 목적과 통제수단은 파악된 요구사항이 포함되도록 이 ISMS 프로세스의 일부로 선택되어야 한다. 부속서 A의 통제 목적과 통제수단은 ISO/IEC 27002의 5.~15.에 나열된 것과 일치한다.

ISO/IEC 27002는 ISO/IEC27001 기반의 정보보호 경영시스템을 구현하는 프로세스 내에서 통제(Control)의 선택, 일반적으로 인정된 정보보호 통제의 구현, 자체적인 정보보호 경영 지침의 개발을 희망하고자 하는 조직에 도움이 될 수 있다.

ISO/IEC 27002:2013 edition은 14개의 보안 통제 절(clause)을 포함하고 있으며, 전체적으로 35개의 주요 보안 범주(category)와 114개의 통제(control)를 포함하고 있다.

조직은 적용 가능한 통제와 그 중요성 및 개별 업무 프로세스에 대한 적용 방법을 파악해야 한다.

2. 본 내용의 구조

1) 각 절
  보안 통제를 정의하고 있는 각각의 절은 하나 이상의 주요 보안 범주를 포함한다. 이 표준에서 절의 순서가 그 중요도를 의미하는 것은 아니다. 상황에 따라 일부 또는 모든 절의 보안 통제가 중요할 수 있으므로, 이 표준을 적용하고자 하는 또한, 이 표준의 목록에 나온 순서는 우선순위에 따른 것이 아니다.

2) 통제 범주
  각각의 주요 보안 통제 범주는 다음을 포함한다.
  a) 달성하고자 하는 바를 설명하는 통제 목적(objective)
  b) 통제 목적을 달성하기 위해 적용될 수 있는 하나 이상의 통제

  통제에 대한 설명은 다음과 같은 구조를 가진다.

  ### 통제
  통제 목적을 달성하기 위한 특정한 통제 문장을 정의한다.

  ### 구현 지침
  통제 목적을 만족하도록 통제의 구현을 지원하기 위하여 더 자세한 정보를 제공한다. 이 지침은 모든 상황에 완전히 적합하거나 충분하지 않을 수 있으며, 조직의 특정 통제 요구사항을 충족하지 않을 못할 수 있다.

  ### 기타 정보
  추가적으로 고려할 필요가 있는 정보를 제공한다. 예를 들어, 법적 고려사항이나 타 표준에 대한 참조 등이 여기에 해당한다. 제공할 기타 정보가 존재하지 않을 경우에 이 부분은 보여주지 않는다.

5. 정보보호 정책

5.1 정보보호를 위한 경영 방침

> 목적: 업무 요구사항과 관련 법률 및 규제에 따라 정보를 보호하도록 경영 방침과 지원을 제공

5.1.1 정보보호를 위한 정책

통제
정보보호를 위한 정책의 집합을 정의하고 경영진의 승인을 거쳐 직원 및 관련 외부자에게 공표하며 소통하여야 한다.

구현 지침
조직은 최상위 수준에서 "정보보호 정책"을 정의하여 경영진이 승인하여야 한다. 이 정책은 정보보호 목표를 관리하기 위한 조직의 접근방법을 명확히 한다.
정보보호 정책은 다음과 같은 내용으로부터 생성한 요구사항을 다루어야 한다.
  a) 업무 전략
  b) 법규, 규제, 계약
  c) 현존하거나 예상되는 정보보호 위협 환경

정보보호 정책은 다음을 고려한 문구를 포함해야 한다.
  a) 정보보호에 대한 정의, 정보보호와 관련된 모든 활동을 가이드 하기 위한 목적 및 원칙
  b) 역할을 정의하기 위한 정보보호 경영의 일반적 및 특정한 책임의 할당
  c) 이상 및 예외를 다루기 위한 프로세스

정보보호 정책은 더 낮은 수준의 주제별 정책(또는 지침)을 통해 지원되어야 한다. 이들은 정보보호 통제의 구현을 의무화하고 조직 내부의 특정 대상 그룹의 요구를 주로 다루거나 특정한 주제를 포괄하도록 구성된다.

정책 주제의 예는 다음을 포함한다.
  a) 접근통제
  b) 정보 등급 분류(및 취급)
  c) 물리적 및 환경적 보안

d) 최종 사용자 관련 주제
    1) 자산의 적절한 사용
    2) 책상 정리 및 화면 정리
    3) 정보 전송
    4) 모바일 기기 및 원격근무
    5) 소프트웨어 설치 및 사용 제한
  e) 백업
  f) 정보 전송
  g) 악성 코드(malware) 방지
  h) 기술적 취약점 관리
  i) 암호 통제
  j) 통신 보안
  k) 프라이버시 및 개인정보 보호
  l) 공급자 관계

 정책은 대상이 되는 독자에게 관련성 있고, 접근 가능하며, 이해할 수 있는 형식으로 만들어져야 하며, 직원 및 관련 외부자와 소통되어야 한다("7.2.2 정보보호 인식, 교육, 훈련 프로그램" 참조).

기타 정보
 정보보호를 위한 내부 정책의 요구는 조직에 따라 다양하다. 내부 정책은 통제의 기대 수준을 정의하고 승인하는 부서와 통제를 구현하는 부서가 분리된 크고 복잡한 조직에서, 또는 하나의 정책을 다양한 인력 또는 기능에 적용하는 상황에서 특히 유용하다. 정보보호를 위한 정책은 하나의 "정보보호 정책" 또는 개별적인 관련 문서의 집합으로 발행할 수 있다.
 정보보호 정책을 조직 외부로 배포하는 경우에는 기밀정보가 유출되지 않도록 주의를 기울여야 한다. 일부 조직에서는 정책 문서에 대해 "표준", "지침", "규정" 등의 용어를 사용하기도 한다.

5.1.2 정보보호 정책의 검토

통제
 정보보호 정책은 계획된 주기에 따라 또는 중대한 변경이 발생한 경우에 지속적인 적합성, 적절성, 효과성을 보장하기 위하여 검토하여야 한다

구현 지침
 각각의 정책에는 그 정책을 개발, 검토, 평가하기 위해 승인된 관리 책임을 가진 소유자를 배정하여야 한다. 검토에는 조직 환경, 업무 상황, 법적 조건, 기술적 환경의 변화에 대응하여 정보보호를 관리하기 위한 조직의 정책과 접근방법을 개선하려는 가능성의 평가를 포함하여야 한다. 정보보호 정책을 검토할 때 경영진의 검토 결과를 고려하여야 한다.
 또한 개정된 정책에 대한 경영진의 승인을 획득하여야 한다.

6. 정보보호 조직

6.1 내부 조직

> 목적: 조직 내에서 정보보호의 구현과 운영을 개시하고 통제하도록 관리 프레임워크를 수립

6.1.1 정보보호 역할 및 책임

통제
모든 정보보호 책임을 정의하고 할당하여야 한다.

구현 지침
 정보보호 책임의 할당은 정보보호 정책에 따라 이루어져야 한다. 개별 자산을 보호하고 특정한 정보보호 프로세스를 수행할 책임을 식별하여야 한다. 정보보호 위험 관리와 특히 잔여위험의 수용에 대한 책임을 정의하여야 한다. 이러한 책임은 필요에 따라 특정 사이트와 정보처리 시설에 대한 더욱 자세한 지침으로 보충하여야 한다. 자산의 보호와 특정한 보안 프로세스의 수행을 위해 공간적/지역적 책임을 정의하여야 한다.

 정보보호 책임을 할당받은 개인이 보안 업무를 다른 사람에게 위임하더라도 책임은 그대로 유지되므로 위임한 업무가 제대로 수행되는지 확인하여야 한다.

 개인이 책임져야 하는 영역을 명시하여야 한다. 특히 다음과 같은 사항을 고려하여야 한다.
 a) 자산과 정보보호 프로세스를 식별하고 정의하여야 한다.
 b) 각각의 자산 또는 정보보호 프로세스에 대한 책임자를 할당하고 자세한 책임을 문서화하여야 한다.
 c) 권한부여 수준을 정의하고 문서화하여야 한다.
 d) 정보보호 영역에 임명된 개인이 책임을 다할 수 있도록 해당 영역에 대한 전문성을 가지고 최신의 상태를 유지하도록 계발할 기회를 부여하여야 한다.
 e) 공급자 관계에서 정보보호 측면의 협력과 감독을 식별하고 문서화하여야 한다.

기타 정보
 많은 조직에서 정보보호를 개발하고 구현할 전반적인 책임을 지니고 통제의 식별을 지원할 정보보호 경영자를 임명하고 있다.
 하지만 통제에 자원을 배정하고 구현할 책임은 주로 개별 관리자가 담당한다. 일반적으로 실무에서는 각 자산에 대한 소유자를 임명하여 일상적인 보호에 대한 책임을 지우는 방법을 사용한다.

6.1.2 직무 분리

통제

조직의 자산에 인가되지 않거나 의도하지 않은 수정 또는 오용이 발생할 가능성을 줄이기 위하여 상충하는 직무와 책임 영역을 분리하여야 한다.

구현 지침

권한이 부여되지 않았거나 탐지되지 않는 상태에서 한 사람이 단독으로 자산에 접근, 수정, 사용할 수 없도록 주의를 기울여야 한다. 업무를 수행하는 사람이 그것을 승인할 권한을 함께 가져서는 안된다. 통제를 설계할 때 공모의 가능성을 고려하여야 한다.

소규모 조직은 직무의 분리를 달성하기 어려울 수도 있지만 가능한 한 실질적으로 이 원칙을 적용할 수 있어야 한다. 분리가 어려운 경우에는 활동 모니터링, 감사 추적, 경영진 감독 등의 다른 통제를 고려하여야 한다.

기타 정보

직무의 분리는 조직의 자산에 대한 우발적이거나 고의적인 오용으로 인한 위험을 감소시키기 위한 방법이다.

6.1.3 관계 당국과의 연락

통제

관련 당국과 적절한 연락책을 유지하여야 한다.

구현 지침

조직은 관련 기관(예: 법 수행기관, 규제기관, 감독기관 등)과 연락이 필요한 시점, 연락 방법, 식별된 정보보호 사건(예: 법 위반이 예상되는 경우)을 적시에 보고하는 방법을 절차로 명시하여야 한다.

기타 정보

인터넷을 통한 공격을 받은 조직은 관련 기관에 공격 출처에 대한 조치를 요청할 수 있다.

이러한 연락책 유지는 정보보호 사고관리 또는 업무 연속성 및 비상 계획 프로세스를 지원하기 위한 요구사항이 될 수 있다. 규제기관이 대한 연계는 조직이 구현해야 하는 추후 변경될 법규를 예상하고 준비하는 데 도움이 된다. 그 밖에 연계할 기관으로는 유틸리티(가스, 수도) 공급자, 긴급 서비스, 전력 공급자, 보건 및 안전이 포함되며, 소방서(업무 연속성과 관련), 통신 제공자(선로 라우팅 및 가용성과 관련), 수도 공급자(장비 냉각시설과 관련) 등을 예로 들 수 있다.

6.1.4 전문가 그룹과의 연락

통제

특별 관심 그룹 또는 전문가 보안 포럼 및 직능 단체와 적절한 연락책을 유지하여야 한다.

구현 지침

다음과 같은 목적으로 특정 관심 그룹 또는 포럼에 가입하는 것을 고려하여야 한다.
   a) 모범 사례에 대한 지식을 향상시키고 관련된 보안 정보를 최신으로 유지하기 위하여
   b) 현재 정보보호 환경에 대한 완벽한 이해를 보장하기 위하여
   c) 공격 및 취약점에 대한 경보, 경고, 패치 등 주의사항을 조기에 얻기 위하여
   d) 전문가의 정보보호 조언에 접근할 수 있기 위하여
   e) 새로운 기술, 제품, 위협, 취약점에 관한 정보를 공유하고 교환하기 위하여
   f) 정보보호 사건(16. 참조)을 다룰 때 적절한 연락 지점을 제공하기 위하여

기타 정보

보안 이슈에 대한 협력과 공조를 개선하기 위하여 정보공유 협약을 수립할 수 있다. 협약에서는 기밀정보의 보호를 위한 요구사항을 파악하여야 한다.

6.1.5 프로젝트 관리에서의 정보보호

통제

프로젝트의 유형에 상관없이 프로젝트 관리 내에서 정보보호를 다루어야 한다.

구현 지침

조직의 프로젝트 관리 기법 내에 정보보호를 통합하여 프로젝트의 일부로서 정보보호 위험을 식별하고 다루어야 한다. 이러한 내용은 그 특징(예: 핵심 업무 프로세스, IT, 시설 관리, 기타 지원 프로세스)에 상관없이 일반적으로 모든 프로젝트에 적용된다. 사용 중인 프로젝트 관리 기법은 다음과 같은 요건을 갖추어야 한다.
   a) 프로젝트 목적에 정보보호 목적을 포함시킨다.
   b) 필요한 통제를 식별하기 위하여 프로젝트 초기 단계에 정보보호 위험 평가를 수행한다.
   c) 정보보호는 적용되는 프로젝트 방법론의 모든 단계에 포함된다.
모든 프로젝트에서 정보보호에 대한 시사점을 다루고 정기적으로 검토하여야 한다. 정보보호에 대한 책임을 정의하고 프로젝트 관리 기법에서 정의하고 있는 지정된 역할에 할당하여야 한다.

6.2 모바일 기기 및 원격근무

> 목적: 원격근무와 모바일 기기의 사용에 따른 보안을 보장

6.2.1 모바일 기기 정책

통제
모바일 기기의 사용으로 인해 유발되는 위험을 관리하기 위하여 정책 및 이를 지원하는 보안 대책을 채택하여야 한다.

구현 지침
모바일 기기를 사용할 때 업무 정보가 손상되지 않도록 특별한 주의를 기울여야 한다. 모바일 기기 정책은 보호되지 않은 환경에서 모바일 기기를 사용하여 작업할 경우에 발생하는 위험을 감안하여야 한다.

모바일 기기 정책에서는 다음과 같은 사항을 고려하여야 한다.
  a) 모바일 기기의 등록
  b) 물리적 보호를 위한 요구사항
  c) 소프트웨어 설치 제한
  d) 모바일 기기 소프트웨어 버전 및 패치 적용을 위한 요구사항
  e) 정보 서비스에 대한 접속 제한
  f) 접근통제
  g) 암호화 기법
  h) 악성코드 방지
  i) 원격 비활성화, 삭제 또는 잠금
  j) 백업
  k) 웹 서비스 및 웹 어플리케이션 사용

공공장소, 회의실 등 보호되지 않은 장소에서 모바일 기기를 사용할 때 주의를 기울여야 한다. 모바일 기기에 저장되거나 또는 모바일 기기로 처리되는 정보에 대한 비인가 접근이나 유출을 막기 위하여 암호화 기술 및 비밀 인증정보의 사용과 같은 보호 조치를 수립하여야 한다.

모바일 기기는 차량 또는 기타 교통수단, 호텔방, 회의장 등에 남겨둘 경우에 물리적으로 보호하여야 한다. 모바일 기기의 도난 또는 분실에 대비하여 조직의 법적 요구사항, 보험 및 기타 보안 요구사항을 고려한 특정한 절차를 수립하여야 한다. 중요하고 민감하거나 핵심적인 업무 정보를 수반한 기기는 방치해두지 않도록 해야 하며, 가능한 경우, 기기를 안전하게 보호할 수 있도록 물리적인 고정 장치나 특별한 잠금 수단을 사용하여야 한다.

모바일 기기를 사용하는 인력이 새로운 작업 방식이나 구현된 통제로 인한 추가적인 위험을 인식할 수 있도록 훈련을 실시하여야 한다.

개인 소유의 모바일 기기에 대한 사용을 허용하는 경우에 모바일 기기 정책과 관련 보안 대책은 다음과 같은 사항도 고려하여야 한다.
  a) 모바일 기기의 사적인 사용과 업무 사용을 분리한다. 이는 개인 소유의 기기에 업무용 데이터의 분리와 보호를 지원하는 소프트웨어를 사용하는 것을 포함한다.
  b) 사용자의 의무(물리적 보호, 소프트웨어 업데이트 등), 업무 데이터의 소유권 포기, 기기의 도난이나 분실 또는 서비스 사용 승인이 만료 시, 조직에 의한 데이터 원격 삭제의 허용을 명시한 최종 사용자 서약서에 사용자가 서명한 후에만 업무 정보에 접근할 수 있도록 한다. 이 정책은 개인정보보호 법규를 감안하여야 한다.

기타 정보
모바일 기기 무선 접속은 타 유형의 네트워크 접속과 유사하지만 통제를 식별할 때 고려해야 하는 중요한 차이점이 존재한다. 일반적인 차이점은 다음과 같다.
  a) 무선 보안 프로토콜 중 일부는 미성숙한 기술이며 알려진 취약점을 가지고 있다.
  b) 모바일 기기에 저장된 데이터는 스케줄에 따른 백업 시 제한된 네트워크 대역폭으로 인하여 또는 해당 시점에 모바일 기기가 접속되지 않아서 백업이 수행되지 않을 수 있다.
모바일 기기는 일반적으로 고정형 기기와 공통의 기능(예: 네트워킹, 인터넷 접속, 이메일 및 파일 취급)을 공유한다. 모바일 기기에 대한 정보보호 통제는 일반적으로 고정용 기기에서 채택한 통제와 조직 구역 외부에서의 사용으로 인한 위협을 다루기 위한 통제로 구성된다.

6.2.2 원격근무

통제
원격근무지에서 접근, 처리, 저장하는 정보를 보호하기 위한 정책을 수립하고 이를 지원하는 보안 대책을 구현하여야 한다.

구현 지침
원격근무 활동을 허용하는 조직은 원격근무 조건과 제약을 정의한 정책을 수립하여야 한다. 적용 가능하고 법이 허용하는 경우에 다음과 같은 문제를 고려하여야 한다.
  a) 건물이나 부근 환경의 물리적 보안을 감안한 원격근무지의 물리적 보안 현황
  b) 제안하는 물리적 원격근무 환경
  c) 조직 내부 시스템으로 원격 접근의 필요성, 통신 링크를 거쳐 접근 및 전달되는 정보의 민감도, 내부 시스템의 민감도를 감안한 통신 보안 요구사항
  d) 개인 소유 장비를 이용한 정보의 처리 및 저장을 방지하기 위한 가상 데스크톱 접근의 제공
  e) 거주지를 사용하는 타인(예: 가족과 친구)에 의한 정보 또는 자원의 비인가 접근 위험
  f) 홈 네트워크의 사용 및 무선 네트워크 서비스의 설정에 대한 요구사항 또는 제약사항
  g) 개인 소유 장비로 개발된 지적 재산에 대한 권리 분쟁을 방지하기 위한 정책과 절차

h) 기계의 보안을 검증하거나 조사를 위한 개인 소유 장비 접근(법으로 금지될 수 있음.)
i) 직원이나 외부 사용자가 개인적으로 소유한 워크스테이션상의 클라이언트 소프트웨어에 대한 라이선스를 조직이 책임질 수도 있음을 감안한 소프트웨어 라이선스 계약
j) 악성코드 방지 및 방화벽 요구사항

다음과 같은 내용을 포함한 가이드라인과 준비사항을 고려하여야 한다.
a) 조직의 통제를 벗어난 개인 소유 장비의 사용을 허용하지 않는 경우, 원격근무 활동에 적합한 장비와 수납 가구의 제공
b) 허용된 작업에 대한 정의, 작업 시간, 보유할 정보의 등급, 원격근무자에게 접근이 승인된 내부시스템 및 서비스
c) 안전한 원격 접근 방법을 포함한 적절한 통신 장비의 제공
d) 물리적 보안
e) 장비와 정보에 접근하는 가족 및 방문자에 대한 규정과 지침
f) 하드웨어와 소프트웨어에 대한 지원 및 유지보수 제공
g) 보험의 제공
h) 백업 및 업무 연속성을 위한 절차
i) 감사 및 보안 모니터링
j) 원격근무 활동의 종료 시 승인 및 접근 권한의 해지와 장비의 반환

기타 정보
원격근무란 회사 외부에서 이루어지는 모든 형식의 근무를 의미하며, "재택근무", "탄력적 작업장", "원격작업", "가상근무" 환경과 같이 전통적이지 않은 작업 환경을 포함한다.

7. 인적 자원 보안

7.1 고용 전

> 목적: 직원 및 계약직이 책임을 이해하고 주어진 역할에 적합한 자임을 보장

7.1.1 적격심사

통제

고용할 모든 후보자에 대한 배경 검증은 관련 법률, 규정, 윤리를 준수해야 하며, 업무 요구사항과 접근할 정보의 등급 및 예상되는 위험에 따라 적절하게 수행하여야 한다.

구현 지침

검증은 모든 관련 프라이버시, 개인정보의 보호, 고용 기반 법규를 감안하여야 하며, 가능하면 다음과 같은 내용을 포함하여야 한다.
  a) 인성을 충분히 파악할 수 있는 추천인(예: 한 업무당 한 명의 추천인) 확보
  b) 신청자 이력사항에 대한 완전성과 정확성 검증
  c) 학력 및 경력에 대한 확인
  d) 독립적인 신원 검증(주민등록증 또는 유사 신분증)
  e) 신용도 조사 또는 범죄 기록 검토 등의 상세한 검증
    특정한 정보보호 역할을 수행하도록 한 개인을 고용한 경우에 조직은 해당 후보자가 다음을 만족하는지 확인하여야 한다.
  a) 보안 역할을 수행하는 데 필요한 역량을 지니고 있음.
  b) 특히 조직의 매우 중요한 역할인 경우에는 그 역할을 맡을 정도로 신뢰할 수 있어야 함.

처음 임명되거나 승진으로 인해 맡게 된 직무가 정보처리 시설에 대한 접근인 경우, 특히 기밀정보(예: 재무정보 또는 극비정보)를 취급하게 되는 인력에 대해서 조직은 더욱 심도 있고 자세한 검증을 수행하여야 한다.

검증 결과를 검토하기 위한 기준과 제한사항(예: 적격심사 담당자, 검토 수행방법과 시기 및 사유)을 절차로 정의하여야 한다.

적격심사 프로세스는 계약직에 대해서도 수행해야 한다. 이때 조직과 계약직 간의 협약에 적격심사의 수행 책임을 명시하여야 한다. 또한 적격심사가 완료되지 않은 경우 또는 그 결과가 의심스럽거나 우려되는 경우에 수반되어야 하는 공지 절차도 명시하여야 한다.

조직의 직책으로 고려되는 모든 후보자들에 관한 정보는 관련 사법권의 현행 법규에 따라 수집하고 취급되어야 한다. 적용할 법규에 의거하여, 적격심사 활동을 사전에 후보자에게 공지하여야 한다.

7.1.2 고용 계약조건

통제
직원 및 계약직의 계약서에는 정보보호에 대한 개인과 조직의 책임을 명시하여야 한다.

구현 지침
직원 또는 계약직의 계약상 의무에는 조직의 정보보호 정책을 반영하여야 하며, 다음과 같은 사항을 명확하게 기술하여야 한다.
   a) 기밀정보에 접근하려는 모든 직원과 계약직은 정보처리 시설에 접근을 허용하기 전에 비밀유지 서약서에 서명하여야 한다.
   b) 저작권법이나 개인정보보호법과 같은 직원 및 계약직의 법적 책임과 권한
   c) 직원 또는 계약직이 취급할 정보, 정보처리 시설, 정보 서비스와 연관된 정보의 등급 분류 및 조직 자산의 관리 책임
   d) 다른 회사 또는 외부자로부터 받은 정보의 취급에 대한 직원 또는 계약직의 책임
   e) 조직의 보안 요구사항을 무시한 직원 또는 계약직에 대한 조치

정보보호 역할과 책임은 고용 전 프로세스 동안에 직무 후보자에게 전달하여야 한다.
조직은 직원 및 계약직이 정보시스템과 서비스에 연관된 조직의 자산에 접근하는 방식과 접근 범위에 적절하게 정보보호에 관한 계약조건에 합의하도록 보장하여야 한다.
경우에 따라 고용 계약조건에 포함된 책임은 고용이 종료된 후에도 정해진 기간 동안 지속되어야 한다.

기타 정보
기밀성, 데이터 보호, 윤리, 조직의 장비와 시설의 적절한 사용, 조직기 기대하는 우수 실무에 관한 직원 또는 계약진의 정보보호 책임을 명시하는데 행동 강령을 사용할 수 있다. 계약직과 연관된 외부자가 계약 당사자를 대신하여 계약을 체결하도록 요구할 수 있다.

7.2 고용 중

> 목적: 직원과 계약직이 자신의 정보보호 책임을 인식하고 충실하게 이행하도록 보장

7.2.1 경영진 책임

통제
경영진은 모든 직원 및 계약직이 조직이 수립한 정책과 절차에 따라 정보를 보호하도록 요구하여야 한다.

구현 지침
경영진의 책임에는 직원과 계약직에 대해 다음과 같은 사항을 보장하는 것을 포함하여야 한다.
 a) 기밀정보 또는 정보시스템에 접근을 허용하기 전에 정보보호 역할 및 책임에 대해 적절하게 설명한다.
 b) 조직 내에서 역할에 따라 기대하는 정보보호 활동을 명시한 가이드라인을 제공한다.
 c) 조직의 정보보호 정책을 만족시킬 수 있도록 동기를 부여한다.
 d) 조직 내에서 자신의 역할 및 책임에 적합한 정보보호 인식 수준을 달성하도록 한다
 e) 조직의 정보보호 정책 및 적절한 작업 방법을 포함한 고용 계약조건을 준수한다.
 f) 적절한 기술과 능력을 지속적으로 유지하게 하며, 정기적인 교육을 받도록 한다.
 g) 정보보호 정책 또는 절차에 대한 위반을 보고(내부 고발)하는 익명의 보고 채널을 제공한다.
경영진은 정보보호 정책, 절차, 통제를 지원하고 있음을 보여주고 모범적으로 행동하여야 한다.

기타 정보
 직원 및 계약직이 정보보호 책임을 인식하지 못하면 조직에 상당한 피해를 끼칠 수 있다. 동기 부여가 된 인력은 더욱 신뢰할 수 있고 정보보호 사고를 유발할 가능성이 더 낮아진다.
 미숙한 경영진은 인력에게 과소평가된 기분을 조장하여 조직의 정보보호에 부정적인 영향을 줄 수 있다. 예를 들어, 미숙한 경영진은 정보보호에 소홀하거나 조직의 자산에 대한 잠재적인 오용을 유도할 수 있다.

7.2.2 정보보호 인식, 교육, 훈련

통제
 조직의 모든 직원과 관련 계약직은 자신의 직무 기능에 연관된 조직의 정책과 절차에 대해 적절한 인식 교육 및 훈련과 정기적인 갱신 교육을 받아야 한다.

구현 지침
 정보보호 인식 프로그램은 직원 및 관련 계약자가 정보보호를 위한 자신의 책임과 그 이행 방법을 인식하도록 하는 것을 목표로 삼아야 한다.
 조직의 정보보호 정책 및 관련 절차에 따라 정보보호 인식 프로그램을 수립하여야 한다. 이 정책 및 절차는 보호 대상이 되는 조직의 정보와 그 정보를 보호하기 위해 구현한 통제를 고려하여야 한다.
 인식 프로그램은 캠페인(예: 정보보호의 날), 소책자 또는 뉴스레터 발간과 같은 다양한 인식제고 활동을 포함하여야 한다.
 인식 프로그램은 조직 내에서 직원의 역할과 계약직의 인식에 대한 조직의 기대를 고려하여 계획하여야 한다. 인식 프로그램의 활동은 장기간에 걸쳐 새로운 직원과 계약직이 반복적으로 참여할 수 있도록 가능한 정기적인 일정을 수립하여야 한다. 또한 인식 프로그램은 조직의 정책과 절차와 일치할 수 있도록 정기적으로 갱신하여야 하며, 정보보호 사고로부터 배운 교훈을 내포하고 있어야 한다.
 인식 훈련은 조직의 정보보호 인식 프로그램에서 요구하는 바에 따라 수행하여야 한다. 인식 훈련에는 강의실 기반, 원격 교육, 웹 기반, 자율 진도 등 다양한 전달 매체를 사용할 수 있다.

 정보보호 교육 및 훈련은 다음과 같은 일반적인 내용도 포함하여야 한다.
  a) 조직 전반의 정보보호에 대한 경영진의 의지 천명
  b) 정책, 표준, 법률, 규제, 계약, 협약으로 정의하고 있는 정보보호 규정과 의무에 대한 숙지 및 준수의 필요성
  c) 자신이 수행한 활동과 수행하지 않은 활동에 대한 개인의 책임 및 조직 및 외부자가 소유한 정보를 안전하게 보호하기 위한 일반적인 책임
  d) 기본적인 정보보호 절차(예: 정보보호 사고의 보고)와 기준선 통제(예: 패스워드 보안, 악성코드 통제, 책상 정리 등)
  e) 더 나은 정보보호 교육과 훈련 자료 등 정보보호 문제에 대한 추가적인 정보와 조언을 얻을 수 있는 연락처 및 자원

 정보보호 교육 및 훈련은 주기적으로 수행하여야 한다. 초기 교육과 훈련은 신규 인력뿐만 아니라 전혀 다른 정보보호 요구사항을 가진 새로운 직위나 역할로 이동한 인력에게 적용되어야 하며, 해당 역할을 수행하기 전에 제공되어야 한다.
 조직은 교육과 훈련을 효과적으로 수행하기 위하여 교육 및 훈련 프로그램을 개발하여야 한다. 이 프로그램은 조직의 정보보호 정책 및 관련 절차를 따라야 하며, 보호 대상이 되는 조직의 정보와 그 정보를 보호하기 위해 구현한 통제를 고려하여야 한다. 또한 이 프로그램은 다양한 형식(예: 강의 또는 자율 학습)의 교육과 훈련을 고려하여야 한다.

기타 정보

인식 프로그램을 구성할 때 내용(what)과 방법(how)뿐만 아니라 그 이유(why)에도 초점을 맞추는 것이 중요하다. 직원이 정보보호의 목적을 이해하고 그들 자신의 행동이 조직에 미치는 잠재적인 긍정적 및 부정적 역할을 이해하는 것이 중요하다.

인식, 교육, 훈련은 일반적인 IT 훈련 또는 일반적인 보안 훈련 등과 같은 다른 훈련의 일부로 또는 합동으로 수행할 수 있다. 인식, 교육, 훈련 활동은 개인의 역할, 책임, 능력에 따라 적합하게 수행하여야 한다.

인식, 교육, 훈련 과정의 마무리 단계에 지식의 전달을 테스트하기 위하여 직원의 이해도 평가를 수행할 수 있다.

7.2.3 징계 처분

통제

정보보호를 위반한 직원에 대한 조치를 취하도록 공식적인 징계 프로세스를 수립하여 배포하여야 한다.

구현 지침

정보보호 위반 발생을 검증한 이후 징계 프로세스를 시작하여야 한다.

공식적인 징계 프로세스는 정보보호를 위반한 것으로 의심되는 직원에 대해서 정확하고 공정한 처리를 보장하여야 한다. 공식적인 징계 프로세스는 위반의 성격과 심각성, 업무에 대한 영향, 처음인지 반복적인지 여부, 위반자에 대한 적절한 교육 수행 여부, 관련 법규, 업무 계약 등의 요인을 감안하여 차등적으로 대응해야 한다.

또한 징계 프로세스는 조직의 정보보호 정책 및 절차에 대한 직원의 위반 또는 기타 정보보호 위반을 예방하기 위한 억제 수단으로 사용될 수 있어야 한다. 고의적인 위반은 즉각적인 조치가 필요할 수 있다.

기타 정보

상벌 프로세스에서 정보보호와 관련된 모범적인 행동에 대해 포상 조치를 정의하면 동기 부여 또는 장려책이 될 수 있다.

7.3 고용 종료 및 직무 변경

> 목적: 직무 변경 또는 고용 종료 프로세스를 통해 조직의 이익을 보호

7.3.1 고용 책임의 종료 또는 변경

통제

고용이 종료되거나 직무가 변경된 이후에도 효력이 유지되는 정보보호의 책임과 의무를 정의하고 직원 또는 계약직과 소통하고 시행해야 한다.

구현 지침

고용 종료에 따른 책임의 소통에는 직원 또는 계약직의 종료 후 일정 기간 동안 유지될 지속적인 정보보호 요구사항과 법적 책임, 비밀유지 서약에 포함된 책임, 고용 계약조건을 포함하여야 한다.

고용의 종료 후에도 유효한 책임과 의무는 직원 또는 계약직의 고용 계약조건에 포함되어야 한다.

책임이나 고용의 변경은 현재 책임 또는 고용의 종료와 새로운 책임 또는 고용의 개시를 결합한 형태로 관리하여야 한다.

기타 정보

일반적으로 인사 부서는 전체적인 종료 프로세스에 대한 책임을 지며, 변동 인력에 대한 정보보호 측면의 관련 절차를 관리하기 위하여 상급 관리자와 함께 작업한다. 외부자가 제공한 계약직에 대한 종료 프로세스는 조직과 외부자 간의 계약에 따라 그 외부자에 의해 수행한다.

직원이나 고객 또는 계약직에게 인력과 운영 계약의 변경을 알려야 할 경우도 있다.

8. 자산 관리

8.1 자산에 대한 책임

목적: 조직의 자산을 식별하고 적절한 보호 책임을 정의

8.1.1 자산 목록

통제
정보 및 정보처리 시설과 연관된 자산을 식별하고 자산에 대한 목록을 작성하여 유지하여야 한다.

구현 지침
 조직은 정보의 생명주기에 연관된 자산을 식별하고 그 중요성을 문서화하여야 한다. 정보의 생명주기는 생성, 처리, 저장, 전송, 삭제, 파기를 포함하여야 한다. 문서는 별도의 목록이나 기존 목록으로 유지하여야 한다.
 자산 목록은 정확성, 최신성, 일관성을 유지하고 타 목록과 일치시켜야 한다.
 각각의 식별된 자산에 대해 소유권을 할당하고 등급을 식별하여야 한다.

기타 정보
 자산 목록은 효과적인 보호가 이루어짐을 보장하도록 도와주며, 보건과 안전, 보험 또는 재무적(자산관리) 이유 등과 같은 다른 목적에 필요할 수 있다.
 ISO/IEC 27005는 자산을 식별할 때 조직이 고려해야 하는 자산의 예제를 제공한다. 자산 목록을 작성하는 프로세스는 위험 관리의 중요한 선행 작업에 해당한다.

8.1.2 자산 소유권

통제
 목록으로 유지되는 자산은 소유자가 존재하여야 한다.

구현 지침
 자산 생명주기에 대한 관리 책임을 승인 받은 개인과 기타 개체는 자산 소유자로 할당될 자격을 지닌다.

자산 소유권의 적시 할당을 보장하는 프로세스가 주로 구현된다. 소유권은 자산을 생성한 시점 또는 자산이 조직으로 이전된 시점에 할당하여야 한다. 자산 소유자는 전체 자산 생명주기에 절차 자산의 적절한 관리에 대한 책임을 져야 한다.

자산 소유자는 다음과 같은 활동을 수행하여야 한다.
  a) 자산의 목록화 보장
  b) 자산의 적절한 등급 분류 및 보호 보장
  c) 적용 가능한 접근통제 정책을 고려하여 주요 자산에 대한 접근 제한 및 등급 분류의 정의와 주기적인 검토
  d) 자산을 삭제 또는 파기할 때 적절한 처리 보장

기타 정보
식별된 소유자는 자산의 전체 생명주기를 통제할 인가된 관리 책임을 지닌 개인 또는 개체가 될 수 있다. 식별된 소유자가 반드시 자산에 대한 재산권을 가질 필요는 없다.

일상적인 작업은 매일 자산을 살펴보는 관리인 등에게 위임할 수 있지만 책임은 여전히 소유자에게 남겨진다.
복잡한 정보시스템에서 특정 서비스를 함께 제공하는 자산을 그룹으로 지정하면 유용한 경우가 있다.
이 경우에 서비스의 소유자는 자산의 운영을 포함한 서비스의 전달에 대한 책임을 지게 된다.

8.1.3 자산의 제한적 사용

통제
정보 및 정보처리 시설에 연관된 자산의 적절한 사용을 위한 규정을 파악하고 문서화 및 구현하여야 한다.

구현 지침
조직의 자산에 접근하여 사용하거나 보유하고 있는 직원과 외부 사용자는 정보 및 정보처리 시설과 자원에 연관된 조직 자산의 정보보호 요구사항을 인식하여야 한다. 또한 직원과 외부 사용자는 정보처리 자원의 사용에 대한 책임을 지고 자신의 책임 하에서 사용이 이루어져야 한다.

8.1.4 자산 반환

통제

 모든 직원과 외부 사용자는 고용이나 계약 또는 협약의 종료에 따라 자신이 소유한 조직의 자산을 모두 반환하여야 한다.

구현 지침

 종료 프로세스는 조직이 소유하거나 위탁 이전에 지급된 모든 물리적 및 전자적 자산을 반환하는 내용을 포함시켜 공식화하여야 한다.
 직원이나 외부 사용자가 조직의 장비를 구입하거나 자신이 소유한 개인 장비를 사용하는 경우에는 모든 관련 정보를 조직에 전달하고 장비로부터 안전하게 삭제하도록 보장하는 절차를 따라야 한다.
 조직이나 외부 사용자가 지속적인 운영에 중요한 지식을 보유하고 있는 경우에 해당 정보를 문서화하여 조직에 이전하여야 한다.
 조직은 종료 통지 기간에 종료할 직원과 계약자가 관련 정보(예: 지적 재산)를 비인가 복사할 수 없도록 통제하여야 한다.

8.2 정보 등급 분류

> 목적: 조직에서의 중요성에 따라 정보에 적절한 보호 수준을 부여하도록 보장

8.2.1 정보 등급 분류

통제

정보는 법적 요구사항, 가치, 중요도, 비인가 유출 또는 수정에 대한 민감도의 측면에서 등급되어 분류되어야 한다.

구현 지침

정보에 대한 등급 분류와 관련 보호 통제는 정보의 공유 또는 제한을 위한 업무 요건과 법적 요구사항을 고려하여야 한다. 정보 이외의 자산도 저장, 처리, 취급, 보호하고 있는 정보의 등급에 따라 적절한 등급을 부여할 수 있다.

정보 자산의 소유자는 등급 분류에 대한 책임을 져야 한다.

등급 분류체계에는 등급 분류방식과 추후 등급 분류를 검토하기 위한 기준이 포함되어야 한다. 대상이 되는 정보의 기밀성, 무결성, 가용성 및 기타 요구사항을 분석하여 체계 내에서 보호 수준을 평가하여야 한다. 등급 분류체계는 접근통제 정책과 연계되어야 한다.

각 수준에는 등급 분류체계를 적용하는 상황에 적절한 명칭을 부여하여야 한다.

모든 인력이 정보 및 관련 자산에 동일한 방식으로 등급을 부여하고 보호 요구사항에 대한 공통된 이해를 가지고 적절한 보호를 적용할 수 있도록 등급 분류체계는 전 조직에 걸쳐 일관성을 유지하여야 한다.

등급 분류는 조직의 프로세스에 포함되어야 하며 조직 전반에 걸쳐 일관성과 명확성을 유지하여야 한다. 등급 분류의 결과는 조직에서의 민감도와 중요도(예: 기밀성, 무결성, 가용성 측면)에 따른 자산의 가치를 보여주어야 한다. 등급 분류의 결과는 자산의 생명주기에 걸친 가치, 민감도, 중요도의 변화에 따라 갱신되어야 한다.

기타 정보

등급 분류는 정보를 다루는 사람에게 정보를 취급하고 보호하는 방법에 대한 간결한 표식을 제공한다. 유사한 보호 요구들을 기반으로 정보를 그룹화하고, 각 그룹에 속한 모든 정보에 적용될 정보보호 절차를 명시하는 것은 등급 분류를 용이하게 한다. 이러한 접근방법은 사례별 위험 평가와 맞춤형 통제 설계의 필요성을 감소시켜 준다.

정보는 일정 기간이 지나면 민감도나 중요도가 사라질 수 있다. 정보가 일반에게 공개된 경우가 그 예이다. 등급을 너무 높게 부여하면 불필요한 통제를 구현하도록 하여 추가 비용을 유발할 수 있고, 등급을 너무 낮게 부여하면 업무 목적 달성에 어려움이 존재할 수 있음을 고려하여야 한다.

예를 들어, 정보 기밀성 등급 분류체계는 다음과 같은 4가지 수준을 기반으로 할 수 있다.
a) 유출에 따른 피해가 전혀 없음.
b) 유출이 경미한 곤란이나 운영상 불편을 초래함.
c) 유출이 운영이나 전술 목표에 단기적인 영향을 초래함.
d) 유출이 장기적인 전략 목표에 심각한 영향을 주거나 조직의 생존을 위태롭게 함.

8.2.2 정보 표식

통제
조직에서 채택한 정보 등급 분류체계에 따라 정보 표식을 위한 적절한 절차를 개발하고 구현하여야 한다.

구현 지침
정보 표식을 위한 절차는 물리적 및 전자적 양식의 정보와 관련 자산을 포함해야 한다. 표식은 8.2.1에서 수립한 등급 분류 체계를 반영하여야 하며, 손쉽게 식별이 가능하여야 한다. 정보에 대한 접근 방법이나 매체 유형에 따른 자산의 취급 방법을 고려하여 표식을 부착하는 위치와 방식에 대한 지침 절차를 제공하여야 한다. 절차에는 표식이 없는 경우(예: 작업량을 줄이기 위한 비기밀정보의 표식미부착)를 정의할 수 있다. 직원과 계약자는 표식 절차를 인식하고 있어야 한다.
기밀 또는 중요로 분류된 정보가 포함된 시스템에서 나온 출력에는 적절한 등급 표식을 부착하여야 한다.

기타 정보
등급 정보의 표식은 정보 공유 협정에 있어 핵심적인 요구사항이다. 물리적 라벨과 메타데이터(metadata)가 주로 사용되는 표식의 유형이다.
정보 및 관련 자산의 표식이 때로는 부정적인 영향을 줄 수 있다. 등급 분류된 자산은 식별이 쉬워서 내부자나 외부 공격자의 도난이 용이할 수 있다.

8.2.3 자산 취급

통제
조직에서 채택한 정보 등급 분류체계에 따라 자산 취급 절차를 개발하고 구현하여야 한다.

구현 지침
등급 분류와 일관성을 유지하며 정보를 취급, 처리, 저장, 전달할 수 있도록 절차를 작성하여야 한다.

다음과 같은 항목을 고려하여야 한다.
  a) 각 등급 수준에 대한 보호 요구사항을 지원하도록 접근 제한
  b) 인가된 자산 수취인에 대한 공식적인 기록 유지
  c) 원본 정보의 보호와 일관된 수준으로 임시 또는 영구 복사본 정보의 보호
  d) 제조사의 사양에 따른 IT 자산 보관
  e) 인가된 수취인의 주의 촉구를 위하여 모든 복사본 매체에 대한 명확한 표시

조직 내에서 사용되는 등급 분류체계는 수준에 대한 명칭은 유사할지라도 타 조직에서 사용하고 있는 체계와 동등하지 않을 수 있다. 또한 등급 분류체계가 동일할지라도 조직 간에 이동하는 정보는 각 조직의 상황에 따라 등급이 다를 수 있다.

정보 공유를 포함하는 타 조직과의 협약에는 정보의 등급 분류를 식별하고 타 조직의 등급 표식을 해석하기 위한 절차를 포함시켜야 한다.

8.3 매체 취급

> 목적: 매체에 저장된 정보의 비인가 유출, 수정, 삭제, 파손을 방지

8.3.1 이동식 매체 관리

통제
조직에서 채택한 정보 등급 분류체계에 따라 이동식 매체의 관리를 위한 절차를 구현하여야 한다.

구현 지침
이동식 매체의 관리를 위하여 다음과 같은 지침을 고려하여야 한다.
a) 조직에서 반출할 재사용 가능한 매체의 내용은 더 이상 필요하지 않은 경우에 복구가 불가능 하도록 만들어야 한다.
b) 필요성이 있고 실현 가능한 경우, 조직에서 반출할 매체에 대한 승인과 반출 기록은 감사 증적을 유지하기 위해 보관해야 한다.
c) 모든 매체는 제조사의 사양에 따라 안전하고 보안이 유지된 환경에 저장하여야 한다.
d) 데이터의 기밀성 또는 무결성이 중요한 고려사항인 경우에 암호 기술을 사용하여 이동식 매체상의 데이터를 보호하여야 한다.
e) 저장된 데이터가 계속 필요한 경우 매체의 품질 저하에 따른 위험을 감소시키기 위하여 가독이 불가능해지기 전에 데이터를 새로운 매체로 이전하여야 한다.
f) 우발적인 데이터 손상이나 손실의 위험을 더욱 감소시키기 위하여 중요한 데이터는 다수의 복사본을 분리된 매체에 저장하여야 한다.
g) 데이터 손실의 가능성을 줄이기 위하여 이동식 매체의 등록을 고려하여야 한다.
h) 이동식 매체 장치는 그래야 할 업무상 이유가 있을 때만 활성화해야 한다.
i) 이동식 매체의 사용이 필요할 경우 해당 매체로의 전송을 모니터링하여야 한다.

절차와 승인 수준을 문서화하여야 한다.

8.3.2 매체 폐기

통제
더 이상 필요하지 않은 매체는 공식적인 절차를 통해 안전하게 폐기하여야 한다.

구현 지침
기밀정보가 비인가자에게 유출될 위험을 최소화하기 위하여 매체의 안전한 폐기를 위한 공식적인 절차를 수립하여야 한다. 기밀정보를 포함한 매체의 안전한 폐기 절차는 해당 정보의 민감도에 비례해야 한다. 다음과 같은 항목을 고려하여야 한다.

a) 기밀정보를 포함한 매체는 안전하게 저장하고 소각이나 분쇄를 통해 안전하게 폐기해야 하며, 조직 내 다른 응용에서 사용하기 위해서는 데이터를 삭제해야 한다.
b) 안전한 폐기가 필요한 항목을 식별하기 위한 절차를 수립하여야 한다.
c) 민감한 매체를 분리하려고 시도하기보다는 모든 매체를 회수하여 안전하게 폐기하는 것이 더 간단할 수 있다.
d) 매체의 회수 및 폐기 서비스를 제공하는 다수의 조직이 존재한다. 적당한 외브자를 선정할 때 적절한 통제와 경험을 보유하고 있는지 주의를 기울여야 한다.
e) 민감한 항목의 폐기는 감사 증적으로 유지하기 위하여 로그로 기록하여야 한다.

폐기를 위해 매체를 축적할 때 대량의 일반 정보가 기밀정보로 변할 수 있는 집합 효과(aggregation effect)를 고려하여야 한다.

기타 정보
민감 데이터를 포함한 손상된 장비는 수리나 불용 처리를 위해 반출하는 것보다 내용의 물리적인 파기 여부를 판단하기 위한 위험 평가가 필요할 수 있다.

8.3.3 물리적 매체 이송

통제
정보를 포함한 매체는 운반 도중에 비인가 접근, 오용, 훼손으로부터 보호되어야 한다.

구현 지침
운반될 정보를 포함한 매체를 보호하기 위하여 다음과 같은 지침을 고려하여야 한다.
a) 신뢰할 수 있는 운송수단이나 운반자를 이용하여야 한다.
b) 경영진과 협의하여 인가된 운반자 목록을 갖추어야 한다.
c) 운반자의 신원을 검증하기 위한 절차를 개발하여야 한다.
d) 이송 도중에 발생할 수 있는 물리적 피해로부터 내용을 충분히 보호할 수 있도록 제조사의 사양에 따라 포장하여야 한다. 온도, 습도, 자성과 같이 매체의 정상적인 사용을 저해할 수 있는 환경 요인에 대비한 보호를 예로 들 수 있다.
e) 매체의 내용을 식별하여 이송 담당자 및 목적지의 수신자에게 전달된 시간뿐만 아니라 적용된 보호 방법을 기록한 로그를 유지하여야 한다.

기타 정보
우편 서비스 또는 운반자 등으로 매체를 전송할 때 물리적 운반 도중에 정보는 비인가 접근, 오용, 훼손에 취약해질 수 있다. 이 통제에서 매체란 종이 문서도 포함한다.
매체상의 기밀정보가 암호화되지 않은 경우에는 매체에 대한 추가적인 물리적 보호를 고려하여야 한다.

9. 접근통제

9.1 접근통제 업무 요구사항

목적: 정보 및 정보처리 시설에 대한 접근을 제한

9.1.1 접근통제 정책

통제
업무 및 정보보호 요구사항을 기반으로 접근통제 정책을 수립하고 문서화 및 검토하여야 한다.

구현 지침
자산 소유자는 자신의 자산의 특정 사용자 역할에 대해 접근통제 규칙, 접근권한 및 제한을 결정해야 한다. 이러한 통제의 상세 정도와 엄격함은 관련 정보보호 위험을 반영하여야 한다.
논리적 접근통제와 물리적 접근통제가 존재하므로 함께 고려하여야 한다. 사용자와 서비스 제공자가 접근통제를 충족할 수 있도록 업무 요구사항을 명확히 선언하여야 한다.

정책은 다음과 같은 사항을 고려하여야 한다.
a) 업무 애플리케이션의 보안 요구사항
b) "알 필요(need-to-know)" 원칙과 정보보호 수준 및 정보 등급 분류 등 정보 전파 및 승인을 위한 정책
c) 시스템 및 네트워크의 접근권한과 정보 등급 분류정책 간의 일관성
d) 데이터 또는 서비스에 대한 접근의 제한에 관련된 법규 및 계약 의무
e) 모든 유형의 가용한 접속을 인지하고 있는 분산 및 네트워크 환경에서 접근권한의 관리
f) 접근통제 역할(예: 접근 요청, 접근 인가, 접근 관리)의 분리
g) 접근 요청에 대한 공식적인 인가 요구사항
h) 접근 권한에 대한 주기적인 검토 요구사항
i) 접근 권한의 제거
j) 사용자 식별자 및 비밀 인증정보의 사용과 관리를 고려한 모든 중요 이벤트 기록의 보존
k) 특수 권한 접근이 가능한 역할

기타 정보
접근통제 규칙을 명시할 때 다음과 같은 사항을 고려하여야 한다.
a) "명시적으로 금지된 경우가 아니면 일반적으로 모든 것은 허용"이라는 취약한 규칙보다는, "명시적으로 허용된 경우가 아니면 일반적으로 모든 것은 금지"라는 전제를 기반으로 규칙을 수립

b) 정보처리 시설이 자동으로 성성한 정보 표식과 사용자가 임의로 생성한 정보 표식의 변경
c) 정보시스템이 자동으로 생성한 사용자 허가와 관리자가 생성한 사용자 허가의 변경
d) 적용하기 전에 특별한 승인이 필요하거나 승인이 필요하지 않은 규칙

접근통제 규칙은 공식적인 절차를 통해 지원하여야 하며, 책임을 정의하여야 한다. 역할기반 접근통제는 업무 역할과 접근권한을 연결하기 위하여 다수의 조직에서 성공적으로 사용하고 있는 접근방법이다.

접근통제 정책을 이끄는 대표적인 2가지 원칙은 다음과 같다.
a) 알 필요 원칙: 자신의 작업을 수행하는 데 필요한 정보만 접근이 허용됨(작업/역할이 다르면 알필요도 달라지므로 다른 접근 프로필을 가짐).
b) 쓸 필요(need-to-use) 원칙: 자신의 작업/직무/역할을 수행하는데 필요한 정보처리 시설(IS 장비, 애플리케이션, 절차, 사무실)에만 접근이 허용됨.

9.1.2 네트워크 및 네트워크 서비스 접근통제

통제
사용자는 사용 시 구체적으로 특별히 인가된 네트워크 및 네트워크 서비스에만 접근이 허용되어야 한다.

구현 지침
정책은 네트워크와 네트워크 서비스의 사용에 대해 기술하여야 하며, 다음과 같은 내용을 포함하여야 한다.
a) 접근이 허용된 네트워크 및 네트워크 서비스
b) 누가 네트워크 및 네트워크된 서비스에 접속할 수 있는지를 결정하기 위한 허가 절차
c) 네트워크 연결 및 네트워크 서비스에 대한 접속을 보호하기 위한 관리 통제와 절차
d) 네트워크 및 네트워크 서비스에 접근하는 데 사용되는 방법(예: VPN 또는 무선 네트워크의 사용)
e) 다양한 네트워크 서비스에 접근하기 위한 사용자 인증 요구사항
f) 네트워크 서비스의 사용에 대한 모니터링

네트워크 서비스의 사용 정책은 조직의 접근통제 정책과 일관성을 유지하여야 한다.

기타 정보
네트워크 서비스에 대한 비인가 및 불안전한 연결은 조직 전체에 영향을 미칠 수 있다. 이 통제는 민감하거나 중요한 업무 애플리케이션 또는 고위험 장소(예: 조직의 정보보호 경영과 통제를 벗어난 공공 또는 외부 지역)에 있는 사용자에 대한 네트워크 연결을 제공할 때 특히 중요하다.

9.2 사용자 접근관리

> 목적: 시스템과 서비스에 인가된 사용자 접근을 보장하고 비인가된 접근을 금지

9.2.1 사용자 등록 및 해지

통제
접근권한의 할당이 가능하도록 공식적인 사용자 등록과 해지 프로세스를 구현하여야 한다.

구현 지침
사용자 식별자를 관리하는 프로세스는 다음과 같은 내용을 포함하여야 한다.
  a) 자신의 행동과 연결하여 사용자가 행동에 대한 책임을 질 수 있도록 유일한 사용자 식별자를 사용 공유 식별자의 사용은 업무나 운영상 이유로 필요한 경우에 한하여 허용하고 승인을 거쳐 문서화
  b) 사용자가 조직을 떠나면 즉시 사용자 식별자를 비활성화하거나 제거
  c) 중복된 사용자 식별자의 주기적인 식별, 삭제, 비활성화
  d) 중복된 사용자 식별자는 타 사용자에게 발급되지 않도록 보장

기타 정보
정보 또는 정보처리 시설에 대한 접근을 제공하거나 해지할 때 주로 다음과 같은 2단계의 절차를 거치게 된다.
  a) 사용자 식별자의 할당 및 활성화 또는 해지
  b) 사용자 식별자에 대한 접근권한의 제공 또는 해지

9.2.2 사용자 접근권한 설정

통제
모든 사용자 유형에 대한 접근권한을 모든 시스템과 서비스에 할당하거나 해지하기 위하여 공식적인 사용자 접근권한 설정 프로세스를 구현하여야 한다.

구현 지침
사용자 식별자에 허용할 접근권한의 할당이나 해지를 위한 권한설정 프로세스는 다음과 같은 내용을 포함하여야 한다.
  a) 정보시스템 또는 서비스의 사용을 위하여 해당 시스템 또는 서비스 소유자로부터 승인 획득. 경영진으로부터 접근권한에 대한 별도의 승인이 필요한 경우도 있다.
  b) 허용된 접근 수준이 접근 정책에 적합하며 직무 분리와 같은 타 요구사항과 일관성이 있는지 검증

c) 승인 절차가 완료될 때까지 서비스 제공자 등에 의해 접근권한이 활성화되지 않음을 보장
d) 정보시스템과 서비스에 접근하기 위해 사용자 식별자에 허용된 접근권한은 집중된 기록으로 유지
e) 역할이나 직무가 변경된 사용자의 접근권한은 조정하고 조직을 떠난 사용자의 접근권한은 즉시 제거하거나 차단
f) 정보시스템 또는 서비스의 소유자에 대한 접근권한을 주기적으로 검토

기타 정보

다수의 접근권한을 전형적인 사용자 접근 프로필로 요약한 업무 요구사항을 기반으로 사용자에 대한 접근 역할을 수립하도록 고려하여야 한다. 접근 요청과 검토는 특정한 권한 수준보다는 역할 수준에서 관리하는 것이 더 간단하다.

직원이나 계약자가 비인가 접근을 시도하는 경우에 대한 제재를 명시한 문구를 고용 계약서와 서비스 계약서에 포함하도록 고려하여야 한다.

9.2.3 특수 접근권한 관리

통제

특수 접근권한에 대한 할당과 사용을 제한하고 통제하여야 한다.

구현 지침

특수 접근권한의 할당은 관련 접근통제 정책에 따라 공식적인 승인 프로세스를 거쳐 통제하여야 한다. 다음과 같은 단계를 고려하여야 한다.
a) 각 시스템 또는 프로세스(예: 운영체제, 데이터베이스 관리시스템, 애플리케이션)에 연관된 특수 접근 권한과 이 권한의 할당이 필요한 사용자를 식별하여야 한다.
b) 특수 접근권한은 접근통제 정책에 따라 사용할 필요성이 요구되는 정책하에서 사용자들에게 할당하여야 한다. 즉 사용자들의 기능적 역할에 대한 최소 요구사항에 기초하여야 한다.
c) 할당된 모든 특수권한에 대한 모든 허가 프로세스와 기록을 유지하여야 한다. 특수 접근권한은 승인 프로세스가 완료될 때까지 허용되지 않아야 한다.
d) 특수 접근권한의 만료를 위한 요구사항을 정의하여야 한다.
e) 특수 접근권한은 일상적인 업무 활동에 사용되는 사용자 식별자와는 다른 별도의 식별자에 할당 하여야 한다. 일상적인 업무 활동은 특수권한을 가진 식별자로 수행되지 않아야 한다.
f) 특수 접근권한을 가진 사용자의 적격성을 주기적으로 검토하여 주어진 의무와 일치하는지 검증하여야 한다.
g) 일반적인 관리자 식별자의 비인가 사용을 피하기 위하여 시스템 구성 기능에 따라 특정한 절차를 수립하고 유지하여야 한다.
h) 일반적인 관리자 식별자를 공유할 경우에 비밀 인증정보의 기밀성을 유지하여야 한다(예: 자주 비밀번호를 변경하거나 특수권한 사용자의 직무 중단 또는 변경 시 가능한 한 신속하게 적절한 기법으로 다른 특수권한 사용자에게 통지).

기타 정보
시스템 관리자 특수권한(사용자가 시스템 또는 애플리케이션의 통제를 초월할 수 있도록 해주는 정보시스템 기능이나 설비)의 부적절한 사용은 시스템 장애나 침해를 유발하는 주요인이다.

9.2.4 사용자 비밀 인증정보 관리

통제
비밀 인증정보의 할당은 공식적인 관리 프로세스를 거쳐 통제하여야 한다.

구현 지침
관리 프로세스는 다음과 같은 요구사항을 포함하여야 한다.
  a) 사용자는 개인의 비밀 인증정보를 기밀로 유지하고 그룹(공유) 비밀 인증정보는 해당 그룹의 구성원 내에서만 기밀로 유지하도록 요구하는 문장에 서명하여야 한다. 고용 계약서 내에 이와 같이 서명된 문장이 포함될 수 있다.
  b) 사용자가 자신의 비밀 인증정보를 유지해야 하는 경우, 초기에는 안전한 임시 비밀 인증정보를 제공하여 처음 사용할 때 반드시 변경하도록 하여야 한다.
  c) 신규, 대체 또는 임시 비밀 인증정보를 제공하기 전에 사용자의 신원을 검증하는 절차를 수립하여야 한다.
  d) 임시 비밀 인증정보는 안전한 방식으로 사용자에게 전달하여야 한다. 외부자 또는 보호되지 않은 평문 이메일 메시지의 이용은 피해야 한다.
  e) 임시 비밀 인증정보는 개인별로 유일하여야 하며 추측할 수 없어야 한다.
  f) 사용자는 비밀 인증정보의 수신에 대한 확인을 보내야 한다.
  g) 시스템이나 소프트웨어를 설치한 후 벤더의 디폴트 비밀 인증정보는 변경하여야 한다.

기타 정보
패스워드는 주로 사용되는 비밀 인증정보의 유형이며 사용자의 신원을 검증하는 일반적인 방법이다. 다른 유형의 비밀 인증정보로는 암호 키와 인증 코드를 생성하는 하드웨어 토큰(예: 스마트카드)에 저장되는 데이터 등이 있다.

9.2.5 사용자 접근권한 검토

통제
자산 소유자는 정기적으로 사용자 접근권한을 검토하여야 한다.

구현 지침
접근권한을 검토할 때는 다음과 같은 사항을 고려하여야 한다.
  a) 사용자의 접근권한은 주기적으로 검토하고 승진, 강등, 퇴직 등의 변경이 발생한 후에도 검토하여야 한다.

b) 동일한 조직 내에서 다른 역할로 이동할 때 사용자 접근권한을 검토하여 재할당하여야 한다.
c) 특수 접근권한에 대한 승인은 더 자주 검토하여야 한다.
d) 특수권한의 할당은 주기적으로 점검하여 비인가 권한의 획득이 발생하지 않도록 보장하여야 한다.
e) 특수권한 계정의 변경은 주기적인 검트를 위해 로그로 기록하여야 한다.

기타 정보
이 통제는 9.2.1, 9.2.2, 9.2.6의 수행으로 발생할 수 있는 취약점을 보완한다.

9.2.6 접근권한 제거 또는 조정

통제
정보 및 정보처리 시설에 대한 모든 직원과 외부 사용자의 접근권한은 고용, 계약, 협약의 종료에 따라 제거하거나 변경된 상황에 따라 조정하여야 한다.

구현 지침
정보처리 시설 및 서비스와 연관된 정보와 자산에 대한 접근권한은 종료 시점에 제거하거나 중지시켜야 한다. 이를 위해 접근권한의 제거가 필요한지 결정하게 된다. 고용 변경사항은 고용 초기에 승인되지 않은 모든 접근권한의 제거에 반영되어야 한다. 삭제 또는 조정해야 하는 접근권한은 물리적 접근과 논리적 접근을 포함한다. 삭제 또는 조정은 키, 식별 카드, 정보처리 시설, 가입의 제거, 해지, 대체를 통해 수행할 수 있다. 직원과 계약자의 접근권한을 식별하는 문서에 접근권한의 삭제 또는 조정을 반영하여야 한다. 직원이나 외부 사용자가 조직을 떠난 후에도 계속 활성화되어 있는 사용자 식별자의 패스워드를 알고 있는 경우에 대비하여 고용, 계약, 협약의 종료 또는 변경에 따라 패스워드를 변경하여야 한다.

정보처리 시설에 연관된 정보와 자산에 대한 접근권한은 다음과 같은 위험 요인의 평가에 따라 고용 종료나 변경 이전에 축소하거나 삭제하여야 한다.
a) 종료 또는 변경이 직원이나 외부 사용자가 주도한 것인지, 경영진이 주도한 것인지 여부와 종료 사유
b) 직원, 외부자, 타 사용자의 현재 책임
c) 현재 접근 가능한 자산의 가치

기타 정보
상황에 따라 조직을 떠난 직원이나 외부자보다 더 많은 사람이 사용할 수 있도록 그룹 식별자 등에 접근권한이 할당될 수 있다. 이러한 상황에서는 떠난 개인을 그룹의 접근 목록에서 삭제하고 관련된 다른 직원 및 외부 사용자가 더 이상 이 정보를 떠나간 사람과 공유하지 않도록 당부하여야 한다.
경영진 주도의 종료인 경우에 불평을 품은 직원이나 외부 사용자가 의도적으로 정보를 훼손하거나 정보처리 시설을 파손시킬 수 있다. 사직이나 해고가 예정된 자는 나중에 사용하려는 목적으로 정보의 수집을 시도할 수 있다.

9.3 사용자 책임

> 목적: 사용자가 자신의 인증정보를 보호할 책임을 부과

9.3.1 비밀 인증정보 사용

통제
사용자에게 비밀 인증정보의 사용 시 조직의 실무를 따르도록 요구하여야 한다.

구현 지침
모든 사용자에게 다음과 같은 사항을 당부하여야 한다.
a) 비밀 인증정보는 당국자를 포함한 타인에게 노출하지 않도록 기밀을 유지한다.
b) 비밀 인증정보의 기록(예: 서류, 소프트웨어 파일, 휴대용 기기)은 안전하게 저장하고 승인된 저장기법(예: 패스워드 암호화 보관)을 사용하는 경우에만 보유한다.
c) 비밀 인증정보에 대한 손상의 징후가 보일 때마다 인증정보를 변경한다.
d) 패스워드를 비밀 인증정보로 사용할 때 다음의 조건을 만족하면서 충분한 최소 길이를 가진 양질의 패스워드를 선택한다.
   1) 기억이 쉬울 것.
   2) 타인이 쉽게 추측하거나 관련 정보(예: 이름, 전화번호, 생일 등)의 쉽게 얻을 수 있는 내용을 피할 것.
   3) 사전 공격에 취약하지 않을 것(즉, 사전에 포함된 단어로 구성하지 말 것).
   4) 일련의 동일한 문자 또는 모두 숫자나 알파벳으로 구성하지 말 것.
   5) 임시 패스워드는 처음 로그인할 때 변경할 것.
e) 개인의 사용자 비밀 인증정보는 공유를 금지한다.
f) 자동 로그인 절차의 비밀 인증정보로 사용되는 패스워드를 저장할 때는 적절한 보호를 보장한다.
g) 동일한 비밀 인증정보를 업무와 비업무 목적으로 함께 사용하지 않도록 한다.

기타 정보
싱글사인온(SSO)이나 다른 비밀 인증정보 관리 도구를 사용하면 사용자가 보호할 비밀 인증정보의 양이 줄어들어 이 통제의 효과를 증가시킬 수 있다. 하지만 이러한 도구는 기밀 인증정보의 유출에 따른 영향을 증가시킬 수도 있다.

9.4 시스템 및 애플리케이션 접근통제

> 목적: 시스템과 애플리케이션에 대한 비인가 접근을 방지

9.4.1 정보 접근제한

통제
접근통제 정책에 따라 정보와 응용 시스템 기능에 대한 접근을 제한하여야 한다.

구현 지침
접근 제한은 정의된 접근통제 정책에 따라 개인적인 업무 애플리케이션 요구사항을 기반으로 이루어져야 한다.

접근 제한 요구사항을 지원하기 위하여 다음과 같은 내용을 고려하여야 한다.
 a) 응용 시스템 기능에 대한 접근을 통제하기 위한 메뉴의 제공
 b) 특정 사용자가 접근할 수 있는 데이터의 통제
 c) 읽기, 쓰기, 삭제, 실행 등의 사용자 접근권한 통제
 d) 다른 애플리케이션의 접근권한 통제
 e) 출력에 포함된 정보의 제한
 f) 중요 애플리케이션, 애플리케이션 데이터, 시스템의 격리를 위한 물리적 또는 논리적 접근통제의 제공

9.4.2 안전한 로그인 절차

통제
접근통제 정책에서 요구하는 경우에 시스템과 애플리케이션에 대한 접근은 안전한 로그인 절차에 따라 통제하여야 한다.

구현 지침
사용자가 주장하는 신원을 입증하기 위해 적절한 인증 기법을 선정하여야 한다.
강력한 인증 및 신원 검증이 필요한 경우에 패스워드를 대체할 암호화 기법, 스마트카드, 토큰이나 생체인식 수단 등을 사용하여야 한다.
시스템 또는 애플리케이션에 대한 로그인 절차는 비인가 접속의 가능성을 최소화하도록 설계하여야 한다. 따라서 비인가 사용자에게 불필요한 도움을 제공하지 않도록 하기 위하여 로그인 절차는 시스템이나 애플리케이션에 관한 최소한의 정보를 노출하여야 한다. 좋은 로그인 절차는 다음을 만족해야 한다.

a) 로그인 프로세스가 성공적으로 완료될 때까지 시스템 또는 애플리케이션 식별자를 보여주지 않는다.
b) 컴퓨터는 인가된 사용자만 접근할 수 있다는 일반적인 주의 경고를 보여준다.
c) 로그인 절차 동안에 비인가 사용자를 도와줄 수 있는 도움말을 제공하지 않는다.
d) 모든 입력 데이터가 완료된 상태에서만 로그인 정보를 검증한다. 오류 조건이 발생할 때 시스템은 데이터의 어느 부분이 정확한지 또는 부정확한지 나타내지 않아야 한다.
e) 전수조사 로그인 시도를 방지한다.
f) 실패 및 성공한 시도를 로그로 기록한다.
g) 로그인 통제에 대한 위반의 잠재적 시도 또는 성공이 탐지되면 보안 이벤트를 발생시킨다.
h) 성공적인 로그인이 완료되면 다음과 같은 정보를 보여준다.
　　1) 이전에 성공한 로그인 일자와 시간
　　2) 최근 성공한 로그인 이후 실패한 로그인 시도에 대한 자세한 정보
i) 입력되는 패스워드를 보여주지 않는다.
j) 패스워드는 네트워크상에 평문으로 전송하지 않는다.
k) 조직의 보안 관리를 벗어난 공공 또는 외부 지역이나 모바일 기기 상에서와 같이 특히 고위험 장소에서는 정의된 기간 동안 활동이 이루어지지 않은 비활동 세션을 종료시킨다.
l) 고위험 애플리케이션에 대한 추가적인 보안을 제공하기 비인가 접근이 가능한 기회를 축소시키기 위하여 연결 시간을 제한한다.

기타 정보
패스워드는 사용자만 아는 비밀을 기반으로 식별 및 인증을 제공하기 위하여 주로 사용되는 방식이며, 암호화 기법이나 인증 프로토콜을 이용하여 동일한 목적을 달성할 수 있다. 사용자 인증의 강도는 접근할 정보의 등급에 적절하여야 한다.
　네트워크를 거치는 로그인 세션 동안에 패스워드를 평문으로 전송하면 네트워크 스니퍼(sniffer) 프로그램으로 탈취될 수 있다.

9.4.3 패스워드 관리 시스템

통제
패스워드 관리 시스템은 대화식으로 양질의 패스워드를 보장하여야 한다.

구현 지침
패스워드 관리 시스템은 다음과 같은 사항을 만족하여야 한다.
a) 책임추적성을 유지하기 위하여 개인별로 사용자 식별자와 패스워드를 사용하도록 해준다.
b) 사용자에게 자신의 패스워드에 대한 선택과 변경을 허용하고 입력 오류에 대비한 확인 절차를 포함한다.
c) 양질의 패스워드를 선정할 수 있도록 해준다.
d) 처음 로그인할 때 사용자가 자신의 패스워드를 변경하도록 해준다.

e) 주기적으로 또는 필요에 따라 패스워드를 변경하도록 해준다.
f) 이전 사용자 패스워드에 대한 기록을 유지하고 재사용을 방지한다.
g) 입력 중인 패스워드는 화면에 나타내지 않는다.
h) 패스워드 파일은 응용 시스템 데이터와 분리하여 저장한다.
i) 패스워드는 보호된 형식으로 저장 및 전송한다.

기타 정보
 일부 애플리케이션은 독립적인 기관이 할당한 사용자 패스워드를 필요로 한다. 이 경우 상기 지침의 b), d), e)는 적용되지 않는다. 대부분의 경우 패스워드는 사용자가 선택하고 관리하게 된다.

9.4.4 특수 유틸리티 프로그램 사용

통제
 시스템과 애플리케이션의 통제를 초월할 수 있는 유틸리티 프로그램은 제한적으로 사용하고 철저히 통제하여야 한다.

구현 지침
 시스템 및 애플리케이션 통제를 초월하는 능력을 지닌 유틸리티 프로그램의 사용을 위하여 다음과 같은 지침을 고려하여야 한다.
 a) 유틸리티 프로그램에 대한 식별, 인증, 승인 절차의 사용
 b) 유틸리티 프로그램과 애플리케이션 소프트웨어의 분리
 c) 유틸리티 프로그램의 사용은 신뢰하고 승인된 최소 실제 사용자 수로 제한(9.2.3 참조)
 d) 유틸리티 프로그램의 임시방편적 사용에 대한 승인
 e) 유틸리티 프로그램의 가용성 제한(예: 승인된 변경 기간 동안)
 f) 모든 유틸리티 프로그램의 사용에 대한 로그 기록
 g) 유틸리티 프로그램에 대한 승인 수준의 정의 및 문서화
 h) 모든 불필요한 유틸리티 프로그램의 제거 또는 비활성화
 i) 직무 분리가 필요한 시스템상의 애플리케이션에 접근하는 사용자는 유틸리티 프로그램을 사용할 수 없도록 한다.

기타 정보
 대부분의 컴퓨터는 시스템 및 애플리케이션 통제를 초월하는 능력을 지닌 유틸리티 프로그램을 하나 이상 설치하고 있다.

9.4.5 프로그램 소스코드 접근통제

통제
프로그램 소스코드에 대한 접근은 제한하여야 한다.

구현 지침
프로그램 소스코드 및 연관된 항목(설계도, 명세서, 검증 계획, 유효성 검사 계획 등)은 중요한 지적 재산의 기밀성을 유지하면서 무단 기능의 도입을 방지하고 의도하지 않은 변경을 피하기 위하여 엄격하게 통제하여야 한다. 프로그램 소스코드는 통제된 중앙 저장소에 보관하여 상기 목적을 달성할 수 있으며 프로그램 소스 라이브러리를 주로 사용한다. 컴퓨터 프로그램에 대한 훼손의 가능성을 줄이기 위하여 프로그램 소스 라이브러리에 대한 접근을 통제하도록 다음과 같은 지침을 고려하여야 한다.

a) 가능한 프로그램 소스 라이브러리는 운영 시스템에 두지 않아야 한다.
b) 프로그램 소스코드와 프로그램 소스 라이브러리는 수립된 절차에 따라 관리하여야 한다.
c) 프로그램 소스 라이브러리에 대한 지원 인력의 접근을 제한하여야 한다.
d) 프로그램 소스 라이브러리 및 연관 항목에 대한 업데이트와 프로그래머에 대한 프로그램 소스의 교부는 적절한 승인을 받은 이후에만 수행되어야 한다.
e) 프로그램 목록은 안전한 환경에 보관하여야 한다.
f) 프로그램 소스 라이브러리에 대한 모든 접근은 감사 로그로 유지하여야 한다.
g) 프로그램 소스 라이브러리의 유지보수와 복사는 엄격한 변경 통제 절차(14.2.2 참조)에 따라야 한다.

프로그램 소스코드를 공개할 경우에 무결성을 보장하도록 도와주는 추가적인 통제(예: 전자서명)을 고려하여야 한다.

10. 암호화

10.1 암호통제

> 목적: 정보에 대한 기밀성, 진본성, 무결성을 보호하도록 암호화의 적절하고 효과적인 사용을 보장

10.1.1 암호 통제 사용 정책

통제
정보의 보호를 위한 암호 통제의 사용 정책을 개발하고 구현하여야 한다.

구현 지침
암호 정책을 개발할 때 다음과 같은 사항을 고려하여야 한다.
 a) 업무 정보의 보호를 위한 일반 원칙을 포함하는 조직 전반에 걸친 암호 통제의 사용에 대한 관리 접근방법
 b) 위험 평가를 기반으로 암호 알고리즘의 종류, 강도, 품질을 감안하여 필요한 보호 수준을 식별하여야 한다.
 c) 모바일이나 이동식 매체 기기에 의해 또는 통신 선로를 거쳐 전송되는 정보의 보호를 위한 암호화의 사용
 d) 키의 분실, 손상, 파손에 대비하여 암호 키의 보호와 암호 정보의 복구를 다루는 방법을 포함한 키 관리 접근방법
 e) 다음의 내용 등에 대한 역할과 책임
    1) 정책의 구현
    2) 키 생성을 포함한 키 관리
 f) 조직에 걸쳐 효과적인 구현을 위해 채택한 표준(업무 프로세스에 사용될 솔루션)
 g) 암호 정보의 사용이 내용 조사에 의존한 통제(예: 악성코드 검출)에 미치는 영향

조직의 암호 정책을 구현할 때 국제적으로 다른 분야에서 암호 기술을 사용하거나 국경을 넘어선 암호 정보의 흐름에 대한 이슈에 적용될 수 있는 법규와 국가의 제한사항을 고려하여야 한다.

암호 통제는 다음과 같이 다양한 정보보호 목적을 달성하는 데 사용될 수 있다.
 a) 기밀성: 민감하거나 중요한 정보의 저장 또는 전송을 보호하기 위하여 정보의 암호화를 사용
 b) 무결성/진본성: 저장 또는 전송되는 민감하거나 중요한 정보의 진본성이나 무결성을 검증하기 위하여 전자서명 또는 메시지 인증 코드를 사용
 c) 부인방지: 이벤트 또는 활동의 발생이나 미발생에 대한 증거를 제공하기 위하여 암호 기술을 사용

d) 인증: 시스템 사용자, 개체, 자원에 접근하거나 처리를 요청하는 사용자 및 타 시스템 개체를 인증하기 위하여 암호 기술을 사용

기타 정보

암호 솔루션이 적절한지 여부를 결정하는 것은 위험 평가와 통제를 선택하는 넓은 범위의 프로세스 중 일부분으로 간주하여야 한다. 이러한 평가는 암호 통제가 적절한 것인지, 어떤 종류의 통제를 적용해야 하는지, 어떤 목적과 업무 프로세스를 위한 것인지 결정하는 데 사용될 수 있다.

암호 통제의 사용 정책은 암호 기술의 사용에 따른 이익을 극대화하고 의험을 최소화하며 부적절하거나 부정확한 사용을 피하기 위해 필요하다.

정보보호 정책 목적을 만족하는 적절한 암호 통제를 선택하기 위하여 전문가의 조언을 구하여야 한다.

10.1.2 키 관리

통제

전체 생명주기에 걸쳐 암호 키의 사용, 보호, 수명에 대한 정책을 개발하고 구현하여야 한다.

구현 지침

이 정책은 암호 키의 전체 생명주기에 해당하는 키 생성, 저장, 보관, 추출, 배포, 폐지, 파기 동안에 암호 키를 관리하기 위한 요구사항을 포함하여야 한다.

암호 알고리즘, 키 길이, 용도는 모범 사례에 따라 선택하여야 한다. 적절한 키 관리에는 암호 키의 생성, 저장, 보관, 추출, 배포, 폐지, 파기하기 위한 안전한 프로세스를 필요로 한다.

모든 암호 키는 변조와 분실로부터 보호하여야 한다. 또한 비밀 키와 개인키는 유출뿐만 아니라 비인가 사용으로부터 보호가 필요하다. 키의 생성, 저장, 보관에 사용되는 장비는 물리적으로 보호하여야 한다.

키 관리 시스템은 다음과 같은 용도로 합의된 표준, 절차, 안전한 방법에 기반을 두어야 한다.
a) 다양한 암호 시스템과 애플리케이션에 대한 키 생성
b) 공개 키 인증서의 발급과 취득
c) 키의 수신 후 활성화 방법을 포함한 의도된 개체로의 키 분배
d) 인가된 사용자가 키에 접근하는 방법을 포함한 키 저장
e) 키의 변경 시점과 변경 방법에 대한 규정을 포함한 키 변경 또는 갱신
f) 손상된 키의 처리
g) 키가 손상되거나 사용자가 조직을 떠난 경우에 키의 회수 또는 비활성화 방법을 포함한 키 해지 (키는 보관되어야 함.)
h) 분실이나 훼손된 키 복구
i) 키 백업 또는 보관
j) 키 파기
k) 키 관리에 관련된 활동의 로그 기록 및 감사

부적절한 사용의 가능성을 감소시키기 위하여 연관된 키 관리 정책에 정의된 기간에만 키를 사용할 수 있도록 키에 대한 활성화 및 비활성화 일자를 정의하여야 한다.

비밀 키와 개인 키의 안전한 관리와 함께 공개 키의 진본성을 고려하여야 한다. 이때 공개 키 인증서를 사용하여 인증 프로세스를 수행할 수 있으며, 공개 키 인증서는 일반적으로 필요한 수준의 신뢰를 제공하도록 적절한 통제와 절차를 갖추고 인정받은 조직인 인증기관에서 발급한다.
외부 암호 서비스 공급자(예: 인증기관)와 체결한 서비스 수준 협약이나 계약의 내용에는 서비스 제공에 따른 책임 문제, 서비스의 안정성, 응답 시간을 포함하여야 한다.

기타 정보

암호 키의 관리는 암호 기술의 효과적인 사용에 핵심적인 사항이다. ISO/IEC 11770은 키관리에 대한 더 자세한 정보를 제공하고 있다.

암호 기술은 암호 키를 보호하는 데 사용될 수도 있다. 암호 키에 접근하기 위한 법적 요청(예: 암호 정보를 법정 사건의 증거로 제시하려면 암호화되지 않은 형식으로 만들어야 함.)을 고려한 절차가 필요할 수 있다.

10. 암호화

11. 물리적 및 환경적 보안

11.1 보안 구역

목적: 조직의 정보 및 정보처리 시설에 대한 비인가된 물리적 접근, 손상, 간섭을 방지

11.1.1 물리적 보안 경계

통제

민감하거나 중요한 정보와 정보처리 시설을 포함한 구역을 보호하기 위하여 보안 경계를 지정하고 이용하여야 한다.

구현 지침

물리적 보안 경계에 대하여 다음과 같은 지침을 고려하여 구현하여야 한다.
a) 보안 경계를 명확히 지정하여야 하며, 경계의 위치와 강도는 경계 내부 자산의 보안 요구사항과 위험 평가 결과에 따라 결정하여야 한다.
b) 정보처리 시설을 포함한 건물이나 현장의 경계는 물리적으로 견고하여야 한다(즉, 경계 또는 구역 내로 손쉽게 침입할 수 있는 틈이 없어야 한다). 건물 외부의 지붕, 벽과 바닥은 단단한 건축자재로 만들어져야 하며, 외부의 모든 출입문에는 통제 장치(빗장, 경고 장치, 잠금 장치 등)를 설치하여 인가되지 않은 접근으로부터 적절히 보호하여야 한다. 문과 창문은 사람이 없을 경우 잠겨 있어야 하며, 특히 1층의 창문에 대한 외부 방호를 고려하여야 한다.
c) 현장 또는 건물에 대한 물리적 접근을 통제하기 위해 접견실이나 다른 수단을 확보하여야 한다. 현장과 건물에 대한 접근은 인가된 담당자에게만 제한적으로 허용하여야 한다.
d) 비인가된 물리적 접근 및 환경의 오염을 방지하기 위하여 물리적 장벽을 설치하여야 한다.
e) 보안 경계 내의 모든 방화문은 적절한 지역, 국가, 국제 표준에 따라 필요한 수준의 내구성을 갖추도록 벽과 연동하여 경보장치를 설치하고 모니터링 및 시험하여야 한다. 방화문은 국가 또는 지역의 소방 수칙에 따라 고장 시에도 안전성을 유지하도록 동작하여야 한다.
f) 국가, 지역, 국제 표준에 따라 적절한 침입자 탐지 시스템을 설치하여야 하며, 외부로 통하는 모든 외부의 출입문과 접근 가능한 창문에 대한 주기적인 시험을 수행하여야 한다. 인력이 상주하지 않는 구역에는 24시간 경보장치를 설치 및 운영하여야 하며, 전산실이나 통신실과 같은 구역에도 보호 장치를 설치하여야 한다.
g) 조직이 직접 관리하는 정보처리 시설은 외부자가 관리하는 시설과 물리적으로 분리하여야 한다.

기타 정보

조직의 정보처리 시설이 위치한 구내 주변에 하나 이상의 물리적 장벽을 설치하여 물리적 보호를 달성할 수 있다. 복수의 장벽을 사용하면 하나의 장벽이 훼손되더라도 보호 태세를 유지할 수 있으므로 추가적인 안전성을 확보할 수 있다.

보안 구역은 시건 가능한 사무실이나 연속된 내부 물리적 보안 장벽으로 둘러싼 여러 개의 공간일 수도 있다. 물리적 접근을 통제하기 위한 보안 경계 내부의 또 다른 보안 요구사항으로 인해 추가적 장벽과 경계가 필요할 수도 있다. 여러 조직이 입주한 건물은 물리적 접근 보안에 특별한 주의가 필요하다.

특히 보안 구역에 대한 물리적 통제의 적용은 위험 평가에서 제시한 조직의 기술적, 경제적 상황에 따라 적절하게 조정하여야 한다.

11.1.2 물리적 출입통제

통제
보안 구역은 인가된 인력만 접근이 허용됨을 보장하기 위하여 적절한 출입 통제로 보호하여야 한다.

구현 지침
다음과 같은 지침을 고려하여야 한다.
a) 방문자의 출입 일자와 시간을 기록하여야 하며, 사전에 승인되지 않은 모든 방문자의 접근은 통제하여야 한다. 구체적이고 인가된 목적에 한해서 접근을 허용하여야 하며, 구역에 대한 보안 요구사항과 비상 절차를 방문자에게 주지시켜야 한다. 방문자의 신원은 적절한 수단으로 인증하여야 한다.
b) 기밀정보를 처리 또는 저장하는 구역에 대한 접근은 적절한 접근통제(예: 출입카드와 비밀번호를 결합한 2중 요소 인증기법)의 구현을 통해 인가된 담당자로 제한하여야 한다.
c) 모든 접근에 대한 물리적 기록부나 전자적 감사 증적은 안전하게 유지하고 모니터링하여야 한다.
d) 모든 직원과 계약자 및 외부자는 육안으로 식별 가능한 출입카드를 패용하여야 하며, 동반자가 없거나 출입카드를 패용하지 않은 방문자를 발견한 경우 보안 담당자에게 즉시 신고하여야 한다.
e) 지원 서비스를 담당하는 외부자는 필요한 경우에만 보안 구역이나 기밀정보처리 시설에 대한 제한적인 접근을 허용하여야 한다. 이러한 접근은 승인을 거치고 모니터링 되어야 한다.
f) 보안 구역에 대한 접근권한을 주기적으로 검토 및 갱신하고 필요한 경우 해지하여야 한다.

11.1.3 사무 공간 및 시설 보안

통제
사무 공간 및 시설에 대한 물리적 보안을 설계하고 적용하여야 한다.

구현 지침
사무 공간과 시설의 보안을 위해 다음과 같은 지침을 고려하여야 한다.
  a) 핵심 시설은 일반인의 접근을 피하도록 배치하여야 한다.
  b) 건물의 외부나 내부에 정보처리 활동의 존재를 식별할 수 있는 눈에 띄는 표시는 가능한 자제하고 불필요한 관심을 끌지 않도록 최소한의 목적만 표시하여야 한다.
  c) 외부의 감시와 감청으로부터 기밀정보나 활동을 보호할 수 있도록 시설을 구성하여야 한다. 전자파 차단 또한 적절한 수단으로 고려하여야 한다.
  d) 기밀정보처리 시설의 위치를 파악할 수 있는 주소록이나 내선번호표는 인가되지 않은 일반인이 쉽게 열람할 수 없어야 한다.

11.1.4 외부 및 환경 위협에 대비한 보호

통제
자연 재해, 악의적인 공격 또는 사고에 대비한 물리적 보호를 설계하고 적용하여야 한다.

구현 지침
화재, 홍수, 지진, 폭발, 폭동 등 자연 재해 또는 인재로 인한 손상을 피하는 방법에 대해 전문가의 조언을 구하여야 한다.

11.1.5 보안 구역 내 작업

통제
보안 구역 내에서의 작업을 위한 절차를 설계하고 적용하여야 한다.

구현 지침
다음과 같은 지침을 고려하여야 한다.
  a) 담당자는 알 필요를 기반으로 보안 구역의 존재 또는 보안 구역 내에서의 활동을 인식하여야 한다.
  b) 안전상의 이유와 악의적 활동의 가능성을 방지하는 차원에서 관리 감독이 없는 보안 구역에서의 작업은 금지하여야 한다.
  c) 담당자가 상주하지 않는 보안 구역은 물리적으로 잠금 장치를 설치하고 주기적으로 점검하여야 한다.
  d) 인가되지 않은 사진기, 비디오 및 오디오 장비, 모바일 기기의 카메라와 같은 기록 장비는 사용을 금지하여야 한다.

보안 구역 내에서의 작업 계획은 직원, 계약자, 외부 사용자에 대한 통제뿐만 아니라, 보안 구역에서 수행되는 모든 활동을 포괄하여야 한다.

11.1.6 배송 및 하역 구역

통제
배송 및 하역 구역과 같이 비인가자가 구내로 들어올 수 있는 접근 장소는 통제하여야 하며, 비인가 접근을 피하기 위하여 정보처리 시설에서 가능한 한 고립시켜야 한다.

구현 지침
다음과 같은 지침을 고려하여야 한다.
 a) 건물 밖에서 배송 및 하역 구역으로의 접근은 신원 확인 및 인가된 인력으로 제한되어야 한다.
 b) 배송 및 하역 구역은 배송 인력이 건물 내부의 다른 장소에 접근하지 않고도 물건을 적재하고 하역할 수 있도록 설계하여야 한다.
 c) 배송 및 하역 구역의 내부 출입문이 개방되었을 때, 외부 출입문에 대한 안전조치(출입문 폐쇄, 경비원 배치 등)를 적용하여야 한다.
 d) 반입 물품을 배송 및 하역 구역으로 이동하기 전에 폭발물이나 화학 물품 또는 다른 위험 물질이 아닌지 검사하고 시험하여야 한다.
 e) 반입 물품을 조직 내부로 들여오면 자산관리 절차에 따라 등록하여야 한다.
 f) 반입과 반출 수송은 가능하면 물리적으로 분리하여야 한다.
 g) 반입 물품은 이송 도중에 변조의 흔적이 있는지 검사하여야 하며, 만약 변조가 발견되면 즉시 보안 인력에게 보고하여야 한다.

11.2 장비

> 목적: 자산의 분실, 손상, 도난, 훼손 및 조직의 운영 중단을 방지

11.2.1 장비 배치 및 보호

통제
장비는 환경적 위협과 유해요소, 비인가 접근의 가능성을 감소시킬 수 있도록 배치하고 보호하여야 한다.

구현 지침
장비를 보호하기 위하여 다음과 같은 지침을 고려하여야 한다.
  a) 장비는 작업 구역으로의 불필요한 접근을 최소화할 수 있도록 배치하여야 한다.
  b) 민감한 데이터를 취급하는 정보처리 시설은 사용하는 도중에 비인가 인력의 정보 관찰에 따른 위험을 감소시키도록 주의하여 장소를 설정하여야 한다.
  c) 저장 시설은 비인가 접근을 피하도록 안전하게 보호하여야 한다.
  d) 특별한 보호가 필요한 물품은 일반적인 보호 수준을 감소시키기 위하여 별도의 보호 대책을 적용하여야 한다.
  e) 도난, 화재, 폭발, 연기, 수해(또는 수도 공급 중단), 먼지, 지진, 화학 물질, 전력공급 중단, 통신 교란, 방사선 및 공공 기물 파손과 같은 잠재적인 물리적 위협과 환경적 위협을 최소화하기 위한 통제를 채택하여야 한다.
  f) 정보처리 시설 주변에서의 음식물 섭취와 흡연에 대한 지침을 수립하여야 한다.
  g) 정보처리 시설의 운영에 부정적인 영향을 미칠 수 있는 온도 및 습도와 같은 환경적 조건을 모니터링 하여야 한다.
  h) 모든 건물에 낙뢰 보호 방안을 적용하여야 하며, 모든 인입 전력과 통신선에 낙뢰 보호 필터를 설치하여야 한다.
  i) 산업 현장 내의 장비에 대하여 키보드 보호덮개와 같은 특별한 보호 기법의 사용을 고려하여야 한다.
  j) 기밀정보를 처리하는 장비는 전자파 노출로 인한 정보 유출의 위험을 최소화하기 위해 보호 하여야 한다.

11.2.2 지원 설비

통제

지원 설비의 장애로 인한 전력 중단이나 기타 저해 요인으로부터 장비를 보호하여야 한다.

구현 지침

지원 설비(예: 전기, 통신, 수도, 가스, 하수, 환기, 공조 장치)는 다음과 같은 사항을 만족하여야 한다.
  a) 장비 제조사의 명세와 해당 지역의 법률 요구사항을 준수하여야 한다.
  b) 사업의 성장 및 다른 지원 설비와의 상호작용을 만족시키는 능력을 주기적으로 평가하여야 한다.
  c) 기능의 적절성을 보장하기 위하여 주기적인 검사와 시험을 수행하여야 한다.
  d) 필요한 경우, 기능의 결함을 탐지하여 경고하여야 한다.
  e) 필요한 경우, 다양한 물리적 경로를 갖춘 복수의 공급자를 갖추어야 한다.

비상등과 비상 통신 설비가 공급되어야 한다. 전기, 수도, 가스, 다른 지원 설비를 차단할 수 있는 비상 스위치와 밸브를 비상구 또는 장비실 주변에 설치하여야 한다.

기타 정보

단일한 설비 공급자 보다는 복수의 경로를 통하여 추가적인 네트워크 연결의 이중화를 확보할 수 있다.

11.2.3 배선 보안

통제

데이터를 전송하거나 정보 서비스를 지원하는 전력 및 통신 배선(cable)을 도청, 간섭, 파손으로부터 보호하여야 한다.

구현 지침

배선 보안을 위하여 다음과 같은 지침을 고려하여야 한다.
  a) 정보처리 시설 내부의 전력선과 통신선은 가능하면 바닥에 매립하거나 적절한 대안을 통해 보호하여야 한다.
  b) 전력 배선은 간섭을 방지하기 위하여 통신 배선과 분리하여야 한다
  c) 민감하거나 중요한 시스템을 의해 다음을 포함한 추가적인 통제를 고려하여야 한다.
    1) 배선 검사 지점과 종단 지점은 강화 도관과 잠금 장치를 갖춘 공간이나 단자함 설치
    2) 배선 보호를 위한 전자파 차단기 사용
    3) 비인가 기기의 배선 부착에 대한 기술적 조사 또는 물리적 검사 실시
    4) 패치 패널과 배선실에 대한 접근통제

11.2.4 장비 유지보수

통제
장비는 지속적인 가용성과 무결성을 보장하도록 정확하게 유지하여야 한다.

구현 지침
장비 유지보수를 위해 다음과 같은 지침을 고려하여야 한다.
   a) 장비는 공급자가 권고한 서비스 기간과 명세에 따라 유지보수하여야 한다.
   b) 인가된 유지보수 인력에 한해서 장비의 수리 및 서비스를 수행하여야 한다.
   c) 모든 의심되거나 실제 발생한 장애와 모든 예방 및 시정 유지보수에 대한 기록을 보존하여야 한다.
   d) 장비에 대한 유지보수 일정을 수립할 때 해당 작업을 조직 내부자가 수행하는지 또는 외부자가 수행하는지 여부를 감안하여 적절한 통제를 구현하여야 한다. 필요한 경우, 기밀정보를 장비에서 제거하거나 유지보수 인력의 신원이 충분히 확인하여야 한다.
   e) 보험에 가입된 모든 장비의 유지보수 작업 시 해당 보험 약관을 준수하여야 한다.
   f) 장비 유지보수 작업을 마친 후 장비를 재가동하기 전에 장비의 변조나 기능 오작동 여부를 확인하기 위한 검사를 시행하여야 한다.

11.2.5 자산 반출

통제
장비, 정보, 소프트웨어는 사전 승인 없이 외부로 반출되지 않도록 해야 한다.

구현 지침
다음과 같은 지침을 고려하여야 한다.
   a) 자산의 외부 반출이 허용된 권한을 지닌 직원과 외부 사용자를 식별하여야 한다.
   b) 자산의 반출에 대한 기한을 설정하고 반납의 준수 여부를 검증하여야 한다.
   c) 필요하고 적절한 경우, 자산의 외부 반출과 반납 시점에 기록이 이루어져야 한다.
   d) 자산을 취급하거나 사용하는 자의 신원, 역할, 소속을 문서화하고, 해당 문서는 자산이나 정보 또는 소프트웨어와 함께 반납되어야 한다.

기타 정보
비인가 기록 장치, 무기류 등을 검출하여 조직 내부로의 반입과 반출을 방지하기 위하여 인가되지 않은 자산의 반출을 탐지하기 위해 수행되는 현장 점검(spot check)을 수행할 수 있다. 이러한 현장 점검은 관련 법규에 따라 수행하여야 한다. 현장 점검이 수행됨을 해당 개인에게 주지시켜야 하며, 검증은 법적 및 규제 요구사항에 따라 적합한 권한을 가진 경우에만 수행하여야 한다.

11.2.6 구외 장비 및 자산 보안

통제

조직 외부에서의 작업으로 인한 다양한 위험을 고려하여 구외(off-site) 자산에 보안을 적용하여야 한다.

구현 지침

조직 외부에서 정보 저장 및 처리 설비를 사용할 경우 경영진의 승인을 얻어야 하다. 이러한 통제는 조직 소유의 장비와 개인 소유의 장비 및 조직을 위해 사용하는 모든 장비에 대해 적용하여야 한다.
구외 장비의 보호를 위해 다음과 같은 지침을 고려하여야 한다.
  a) 구외로 반출된 장비와 매체는 공공장소에 방치해 두지 말아야 한다.
  b) 장비를 보호하기 위한 제조사의 지시사항(예: 강한 자기장에 대한 노출 방지)을 항상 준수하여야 한다.
  c) 재택근무, 원격근무, 임시 근무지와 같은 구외 장소에 대한 통제는 위험 평가에 따라 결정하여야 하며, 잠금 장치가 설치된 파일 캐비닛, 책상 정리 정책, 컴퓨터에 대한 접근통제, 사무실로의 보안 통신 등 상황에 따라 적절한 통제를 적용하여야 한다.
  d) 구외 장비를 서로 다른 개인이나 외부자 간에 이전하는 경우, 장비에 대한 증거 보전의 연계성을 확보하기 위하여 최소한 책임자의 이름과 소속을 포함하는 기록을 유지하여야 한다.
손상, 도난, 도청과 같은 위험은 장소의 특성에 따라 매우 다양하게 나타날 수 있으므로 가장 적절한 통제를 선정할 수 있도록 심사숙고 하여야 한다.

기타 정보

정보 저장 및 처리 장비는 정상적인 작업 장소를 벗어난 재택근무나 외근 시 이용하는 개인용 컴퓨터, 전자수첩, 휴대폰, 스마트카드, 서류 등 기타 모든 유형을 포함한다.
모바일 장비를 보호하기 위한 추가적인 정보는 6.2에서 얻을 수 있다.
직원의 구외 작업 또는 휴대용 IT 장비의 사용을 제한함으로써 위험에 적절히 대처할 수 있다.

11.2.7 장비 안전 폐기 및 재사용

통제

저장 매체를 포함하고 있는 모든 장비는 폐기 또는 재사용하기 전에 민감 데이터와 라이선스 소프트웨어를 삭제하거나 안전한 덮어쓰기 처리를 보장하기 위하여 검증하여야 한다.

구현 지침

장비를 폐기하거나 재활용하기 전에 저장 매체가 포함되어 있는지 여부를 확인하여야 한다.
기밀정보나 저작권 정보를 포함한 저장 매체는 일반적인 삭제나 포맷 기능을 사용하기 보다는, 저장 매체 자체를 물리적으로 파괴하거나 원본 정보의 복구가 불가능하도록 해주는 기술을 사용하여 정보에 대한 폐기나 삭제 또는 덮어쓰기를 수행하여야 한다.

기타 정보

저장 매체를 포함하고 있는 손상된 장비는 수리나 불용 처리를 위해 반출하기 보다 물리적으로 파괴하는 것이 적절한지 결정하기 위해 위험 평가를 수행할 수 있다. 장비의 부주의한 폐기나 재사용으로 인해 정보가 유출될 수 있다.

안전한 디스크 삭제와 더불어 다음과 같이 전체 디스크를 암호화하는 것이 장비의 폐기나 재사용 시 기밀정보가 유출될 위험을 감소시켜 준다.

a) 암호화 처리는 충분한 강도를 제공하여야 하며, 틈새 공간(slack space)이나 교체 파일(swap file) 등을 포함한 모든 디스크에 적용되어야 한다.
b) 암호 키는 전수 조사 공격을 충분히 감당할 수 있는 길이로 설정하여야 한다.
c) 암호 키는 그 자체를 기밀로 유지하여야 한다(예: 동일한 디스크에 저장 금지).

저장 매체에 대한 안전한 덮어쓰기 기술은 저장 매체의 기술에 따라 달라진다. 덮어쓰기 도구는 해당 저장 매체의 기술에 적용이 가능한지 검토하여야 한다.

11.2.8 방치된 사용자 장비

통제

사용자는 방치된 장비에 대한 적절한 보호를 보장하여야 한다.

구현 지침

모든 사용자는 이석 시 방치된 장비를 보호하여야 하는 책임과 더불어 보안 요구사항과 절차를 인식하여야 한다. 사용자에게 다음과 같은 사항을 당부하여야 한다.

a) 적절한 잠금 기법(예: 화면보호기의 패스워드 설정)으로 보호할 수 없는 경우, 작업의 종료와 함께 활성화된 세션을 종료시킨다.
b) 더 이상 사용할 필요가 없는 경우, 어플리케이션이나 네트워크 서비스에서 로그아웃한다.
c) 컴퓨터나 모바일 기기를 비인가 사용으로부터 보호하기 위하여 미사용 시 열쇠 잠금 장치나 유사한 통제(예: 패스워드 접속)를 적용한다.

11.2.9 책상 정리 및 화면보호 정책

통제
서류와 이동식 저장 매체를 대상으로 한 책상 정리 정책 및 정보처리 시설에 대한 화면보호 정책을 적용하여야 한다.

구현 지침
책상 정리 및 화면보호 정책은 정보 등급 분류, 법적 및 계약적 요구사항, 조직에서 발생 가능한 위험 및 문화적 측면을 감안하여야 한다. 다음과 같은 지침을 고려하여야 한다.
  a) 서류 또는 전자적 저장 매체 등에 저장된 민감하거나 중요한 업무 정보는 필요한 경우를 제외하면 안전한 장소(금고, 캐비닛, 시건 가능한 가구 등)에 보관하여야 하며, 특히 사무실이 비어 있는 경우 중요한 사항이다.
  b) 컴퓨터와 단말기를 방치할 때는 로그아웃 하거나 패스워드나 토큰 또는 유사한 사용자 인증기법으로 통제된 화면 및 키보드 잠금 기법으로 보호하여야 한다. 또한 사용하지 않을 때는 열쇠 잠금 장치나 패스워드 또는 기타 통제를 사용하여 보호하여야 한다.
  c) 승인되지 않은 복사기 및 재생 기술(예: 스캐너, 디지털 카메라)의 사용을 금지하여야 한다.
  d) 민감하거나 기밀로 분류된 정보를 포함한 매체는 프린터에서 즉시 제거하여야 한다.

기타 정보
책상 정리 및 화면보호 정책은 정규 근무시간과 퇴근 이후에 정보에 대한 비인가 접근, 분실, 손상의 위험을 감소시켜 준다. 또한 금고나 기타 안전한 저장 시설은 방화, 지진, 홍수, 폭발 등의 재난으로부터 정보를 보호해 줄 수 있다.

출력을 요청한 사람이 프린트 옆에 대기하고 있을 경우에만 내용물을 수령할 수 있도록 개인식별번호(PIN) 기능을 갖춘 프린터의 사용을 고려하도록 한다.

12. 운영 보안

12.1 운영 절차 및 책임

> 목적: 정보처리 시설의 정확하고 안전한 운영을 보장

12.1.1 운영 절차 문서화

통제
운영 절차를 문서화하고 필요한 모든 사용자가 이용할 수 있도록 하여야 한다.

구현 지침
컴퓨터 구동 및 시스템 종료 절차, 백업, 장비 유지보수, 매체 취급, 기계실 및 우편물 취급 관리, 안전 등 정보처리와 통신 시설에 관련된 운영 활동을 위하여 문서화된 절차를 준비하여야 한다.

운영 절차는 다음과 같은 내용을 포함한 운영 지시사항을 명시하여야 한다.
  a) 시스템의 설치와 구성
  b) 자동 및 수동 방식의 정보처리와 취급
  c) 백업
  d) 타 시스템과의 상호작용, 최초 작업개시 및 최종 작업종료 시각을 포함한 일정 요구사항
  e) 시스템 유틸리티의 사용 제한을 포함하여 작업을 수행하는 도중에 발생할 수 있는 오류나 기타 예외적인 조건을 처리하기 위한 지시사항
  f) 예상치 못한 운영적 또는 기술적 문제가 발생한 경우에 연락할 외부 지원업체를 포함한 지원 및 상부 보고(escalation) 연락처
  g) 특수 용지의 사용이나 실패한 작업으로 인한 출력물을 안전하게 폐기하는 절차를 포함한 기밀 출력의 관리 등의 특수 출력물 및 매체 취급 지시사항
  h) 시스템 장애 이벤트가 발생한 경우에 이용하기 위한 시스템 재시작 및 복구 절차
  i) 감사 추적 및 시스템 로그 정보의 관리
  j) 모니터링 절차

운영 절차 및 시스템 활동을 위한 문서화된 절차는 공식적인 문서로 취급되어야 하며, 해당 문서의 변경은 경영진의 승인을 통해 이루어져야 한다. 기술적으로 실현 가능한 경우에 정보시스템은 동일한 절차, 도구, 유틸리티를 사용하여 일관성 있게 관리하여야 한다.

12.1.2 변경 관리

통제
정보보호에 영향을 주는 조직, 업무 프로세스, 정보처리 시설, 시스템의 변경을 통제하여야 한다.

구현 지침
특히 다음과 같은 사항을 고려하여야 한다.
 a) 중요한 변경의 식별 및 기록
 b) 변경의 계획 및 시험
 c) 정보보호에 미치는 영향을 포함한 변경에 따른 잠재적 영향 평가
 d) 변경 제안에 대한 공식적인 승인 절차
 e) 정보보호 요구사항이 충족되었음을 검증
 f) 변경된 세부사항을 모든 관련자에게 전달
 g) 실패한 변경과 예기치 않은 이벤트를 중단시키고 회복하기 위한 절차 및 책임을 포함한 복귀 절차
 h) 사고를 해결하는 데 필요한 변경에 대해 신속하고 통제된 구현이 가능하도록 긴급 변경 프로세스의 제공

공식적인 관리 책임과 절차는 모든 변경의 만족스러운 통제를 보장하기 위해 필요하다. 변경을 수행할 때 모든 관련 정보를 포함한 감사 로그를 보존하여야 한다.

기타 정보
정보처리 시설과 시스템의 변경에 대한 부적절한 통제는 시스템 또는 보안 장애를 발생시키는 주요원인이다. 운영 환경의 변화(특히 개발 단계에서 운영 단계로 시스템을 이관하는 경우)는 애플리케이션의 신뢰성에 영향을 끼칠 수 있다.

12.1.3 용량 관리

통제

필요한 시스템 성능을 보장하기 위하여 자원의 사용을 모니터링 및 조절하고 향후 용량 요구사항을 예측하여야 한다.

구현 지침

대상 시스템의 업무 중요도를 감안하여 용량 요구사항을 파악하여야 한다. 시스템의 효율성과 가용성을 보장하고, 필요에 따라 개선할 수 있도록 시스템 튜닝과 모니터링을 적용하여야 한다. 적시에 문제점을 표시할 수 있는 탐지 통제를 마련하여야 한다. 향후 용량 요구사항을 예측할 때 새로운 업무 및 시스템 요구사항, 조직의 정보처리 용량에 대한 현재와 미래의 추세를 감안하여야 한다.

조달 기간이 오래 걸리거나 고비용의 자원에 대한 특별한 주의가 필요하다. 따라서 관리자는 핵심 시스템 자원의 활용도를 모니터링하여야 한다. 특히 업무 애플리케이션 또는 정보시스템 관리 도구에 관련된 사용 추세를 파악하여야 한다.

관리자는 병목 현상의 가능성과 시스템 보안 또는 서비스에 존재하는 위협을 제시하고 적절한 조치를 계획하는 핵심 인력에 대한 의존도를 파악하고 해결하기 위하여 사용 추세를 활용하여야 한다.

충분한 용량의 공급은 용량을 증설하거나 수요를 제한하여 달성할 수 있다. 다음은 용량 수요를 제한하는 방법의 예에 해당한다.
  a) 쓸모없는 데이터(디스크 공간)의 삭제
  b) 애플리케이션, 시스템, 데이터베이스, 환경의 퇴출
  c) 배치 프로세스 및 스케줄링의 최적화
  d) 애플리케이션 로직이나 데이터베이스 질의의 최적화
  e) 업무에 핵심적인 서비스가 아닌 경우(예: 비디오 스트리밍 등)는 자원을 요구하더라도 대역폭 제공의 거절 또는 제한

핵심 업무 시스템을 위해 문서화된 용량 관리 계획을 고려하여야 한다.

기타 정보

이 통제에서는 사무실과 시설뿐만 아니라 인력 자원의 용량도 다루고 있다.

12.1.4 개발, 시험, 운영환경 분리

통제

운영 환경에 대한 비인가 접근 또는 변경의 위험을 감소시키기 위하여 개발 및 시험과 운영 환경은 분리하여야 한다.

구현 지침

운영상의 문제점을 방지하기 위해 필요한 운영, 시험, 개발 환경의 분리 수준을 식별하고 구현하여야 한다.

다음과 같은 사항을 고려하여야 한다.
 a) 개발에서 운영 상태로 소프트웨어를 이관하기 위한 규정을 수립하고 문서화하여야 한다.
 b) 개발 중인 소프트웨어와 운영 소프트웨어는 서로 다른 시스템이나 컴퓨터 프로세서 및 서로 다른 도메인이나 디렉터리에서 가동하여야 한다.
 c) 운영 중인 시스템 및 어플리케이션에 대한 변경은 운영 시스템에 적용하기 이전에 테스트 환경 또는 시범 환경에서 시험을 거쳐야 한다.
 d) 일부 예외적인 상황을 제외하고 운영 시스템에서 시험을 실시해서는 안 된다.
 e) 운영 시스템에 대한 컴파일러, 편집기, 다른 개발 도구나 시스템 유틸리티의 불필요한 접근은 제한하여야 한다.
 f) 사용자는 운영 시스템과 시험 시스템에 서로 다른 사용자 프로필을 이용하고, 오류 발생의 위험을 감소시키기 위해 메뉴로 적절한 식별 메시지를 표시하여야 한다.
 g) 운영 시스템과 동일한 통제가 적용되지 않은 시험 시스템 환경으로 민감한 데이터를 복사하지 않아야 한다.

기타 정보

개발 및 시험 활동은 파일 또는 시스템 환경의 원치 않는 변경이나 시스템 장애와 같은 심각한 문제를 야기할 수 있다. 중요한 테스트를 수행하고 운영 환경에 대한 개발자의 부적절한 접근을 방지하기 위하여 확실하고 안정적인 환경을 유지할 필요가 있다.

개발 및 시험 인력이 운영 시스템과 그 정보에 접근하는 경우, 승인 없이 시험을 거치지 않은 코드를 설치하거나 운영 데이터를 수정할 가능성이 있다. 일부 시스템에서는 이러한 권한을 악용하여 사기 행위를 저지르거나 시험을 거치지 않은 악성코드를 삽입하여 심각한 운영상의 문제점을 야기할 수 있다.

또한 개발 및 시험 인력은 운영 정보의 기밀성에 대한 위협 요인이 될 수 있다. 개발 및 시험 활동이 동일한 컴퓨터 환경을 공유하는 경우에 소프트웨어나 정보에 의도하지 않은 변경을 야기할 수 있다. 따라서 운영 중인 소프트웨어와 업무 정보에 대한 우발적 변경이나 비인가 접근 등의 위험을 감소시키기 위하여 개발, 시험, 운영 환경을 분리하는 것이 바람직하다.

12.2 악성코드 방지

> 목적: 정보 및 정보처리 시설이 악성코드로부터 보호됨을 보장

12.2.1 악성코드 통제

통제
악성코드로부터 보호하기 위하여 탐지, 방지, 복구 통제를 구현하고 적절한 사용자 인식 교육을 연계하여야 한다.

구현 지침
악성코드에 대한 보호는 악성코드 탐지 및 복구 소프트웨어, 정보보호 인식 교육, 적절한 시스템 접속 및 변경 관리 통제를 기반으로 해야 한다. 다음과 같은 지침을 고려하여야 한다.
 a) 비인가 소프트웨어의 사용을 금지하는 공식적인 정책의 수립
 b) 비인가 소프트웨어 사용을 방지하거나 탐지하는 통제의 구현(예: 애플리케이션 화이트리스트)
 c) 알려지거나 의심스러운 악성 웹사이트를 방지하거나 탐지하는 통제의 구현(예: 블랙리스트)
 d) 외부 네트워크나 기타 매체를 통해 입수한 파일 및 소프트웨어와 연관된 위험을 방지할 수 있는 보호 대책으로 구성된 공식적인 정책의 수립
 e) 기술적 취약점 관리 등을 통해 악성코드가 공격할 수 있는 취약점의 축소
 f) 핵심 업무 프로세스를 지원하는 시스템의 소프트웨어와 데이터 내용에 대한 주기적 검토의 수행. 미승인 파일이나 비인가 수정사항이 존재하면 공식적인 조사를 수행하여야 한다.
 g) 사전 예방 통제 또는 상시적인 활동으로 컴퓨터와 매체를 스캔하여 악성코드를 탐지 및 복구하는 소프트웨어를 설치하고 주기적으로 업데이트; 스캔 작업에는 다음과 같은 사항을 포함하여야 한다.
  1) 네트워크나 다양한 유형의 저장매체를 통해 수신한 파일은 사용하기 전에 악성코드의 존재 여부를 스캔한다.
  2) 이메일 첨부 파일이나 다운로드 파일은 사용하기 전에 악성코드의 존재 여부를 스캔한다. 조직의 네트워크로 진입하면 이메일 서버, 데스크톱 컴퓨터 등 다양한 위치에서 스캔을 수행하여야 한다.
  3) 웹 페이지에 대한 악성코드의 존재 여부를 스캔한다.
 h) 시스템상의 악성코드 방지를 위한 절차 및 책임의 정의, 대책의 사용을 위한 훈련, 악성코드 공격에 대한 보고와 복구
 i) 모든 필요한 데이터, 소프트웨어 백업, 복구 준비 등을 포함한 악성코드 공격을 복구하기에 적절한 업무연속성 계획의 수립
 j) 메일링 리스트의 등록이나 새로운 악성코드에 대한 정보를 제공하는 웹사이트의 열람 등 주기적으로 정보를 수집하기 위한 절차의 구현

k) 악성코드와 관련된 정보를 검증하고 경고 공지가 정확하고 유익한 정보임을 보장할 수 있는 절차의 구현; 악성코드의 진위 여부를 판별하기 위해 관리자는 양질의 출처(예: 저명한 저널, 신뢰할 수 있는 인터넷 사이트, 악성코드 방지 소프트웨어를 개발한 공급자 등)가 사용됨을 보장하여야 한다.
모든 사용자들은 악성코드의 가짜 악성코드(hoax)로 인한 문제와 이를 수신하였을 때 행동 요령을 인식하여야 한다.
l) 치명적인 영향을 초래할 수 있는 환경의 고립

기타 정보

다양한 벤더와 기술을 가진 정보처리 환경 전반에 걸쳐 악성코드로부터 보호하기 위하여 두 가지 이상의 소프트웨어 제품을 사용하면 악성코드 방지의 효과를 높일 수 있다.

유지보수 및 비상 절차를 수행하는 동안에는 정상적인 악성코드 보호 통제를 우회할 수 있으므로 악성코드의 유입을 차단하기 위해 각별히 주의하여야 한다.

특정 조건하에서 악성코드 방지는 운영에 교란을 유발할 수 있다.

악성코드 통제 장치로 악성코드 탐지 및 복구 소프트웨어만 사용하는 것은 적절하지 않으며, 악성코드 유입을 방지하는 운영 절차가 수반될 필요가 있다.

12.3 백업

> 목적: 데이터의 손실을 방지

12.3.1 정보 백업

통제
합의된 백업 정책에 따라 주기적으로 정보, 소프트웨어, 시스템 이미지에 대한 백업 복사본을 생성하고 시험하여야 한다.

구현 지침
정보, 소프트웨어, 시스템의 백업에 대한 조직의 요구사항을 정의하기 위해 백업 정책을 수립하여야 한다.
백업 정책은 보유 및 보호 요구사항을 정의하여야 한다.
재해나 매체 장애가 발생한 후에 모든 필수적인 정보와 소프트웨어를 복구할 수 있도록 적절한 백업시설을 제공하여야 한다.

백업 계획을 설계할 때 다음과 같은 사항을 감안하여야 한다.
 a) 백업 복사본의 정확하고 완전한 기록과 문서화된 복구 절차를 수립하여야 한다.
 b) 백업의 범위(예: 전체 백업 또는 증분 백업)와 빈도는 조직의 사업 요구사항, 정보보호 요구사항, 조직의 지속적인 운영을 보장하기 위한 정보의 중요도를 반영하여야 한다.
 c) 백업은 원격지에서 이루어져야 하며, 본사에서 발생한 재해로 인해 피해가 파급되지 않도록 충분한 거리를 확보하여야 한다.
 d) 백업 정보는 본사에 적용하는 표준과 일관성을 유지하며 적절한 수준의 물리적 및 환경적 보호를 제공하여야 한다.
 e) 백업 매체는 긴급 상황에서 필요한 경우 언제든지 사용할 있도록 보장하기 위해 주기적으로 시험하여야 한다. 복구 절차에 대한 시험과 함께 원하는 시간 내에 복구가 가능한지 점검하여야 한다. 백업 데이터의 복구 능력에 대한 시험은 지정된 시험 매체 상에서 수행하여야 하며, 원본 매체에 시험하는 방식은 백업 또는 복구 절차가 실패하면 되돌릴 수 없는 데이터 손상과 손실의 원인이 되므로 지양하여야 한다.
 f) 기밀성이 중요한 상황에서 백업본은 암호화 방식으로 보호하여야 한다.

운영 절차는 백업 정책에 따른 백업의 완전성을 보장하기 위하여 백업 실행의 모니터링과 예정된 백업의 실패를 다루어야 한다.
개별 시스템과 서비스를 위한 백업 설정은 업무연속성 계획의 요구사항에 부합하도록 주기적으로 시험하여야 한다. 중요한 시스템과 서비스의 경우에 백업 설정은 재해 발생 시 완전한 시스템 복구를 위해 필요한 모든 시스템 정보, 어플리케이션, 데이터를 포함하여야 한다.
필수 업무 정보의 보유 기간은 복사본을 영구적으로 보유할 수 있도록 보존하기 위한 요구사항을 감안하여 결정하여야 한다.

12.4 로그 기록 및 모니터링

> 목적: 이벤트를 기록하고 증거를 생성

12.4.1 이벤트 로그 기록

통제
사용자 활동, 예외, 고장, 정보보호 이벤트를 기록하는 이벤트 로그를 생성하고 보존하며 주기적으로 검토하여야 한다.

구현 지침
이벤트 로그는 다음과 같은 사항을 포함하여야 한다.
 a) 사용자 식별자
 b) 시스템 활동
 c) 핵심 이벤트(예: 로그인, 로그아웃)가 발생한 날짜, 시간, 세부사항
 d) 장비 식별자 또는 장소, 시스템 식별자
 e) 시스템 접근 시도에 대한 성공 및 실패 기록
 f) 기타 자원에 대한 접근 시도의 성공 및 실패 기록
 g) 시스템 구성 변경
 h) 특수권한의 사용
 i) 시스템 유틸리티 및 애플리케이션의 사용
 j) 접속한 파일 및 접속 유형
 k) 네트워크 주소 및 프로토콜
 l) 접근통제 시스템에 의해 발생된 경보
 m) 안티바이러스 시스템이나 침입탐지 시스템 등 정보보호 시스템의 활성화 및 비활성화
 n) 애플리케이션에서 사용자가 실행한 거래의 기록

이벤트 로그 기록은 시스템 보안에 대한 통합 보고서와 경보를 생성할 수 있는 자동화된 모니터링 시스템의 기반이 된다.

기타 정보
이벤트 로그는 민감 데이터와 개인 정보를 포함할 수 있으므로 적절한 프라이버시 보호 대책을 적용하여야 한다.
가능하면 시스템 관리자가 자신의 활동 로그를 삭제하거나 비활성화시키는 권한을 소유하지 못하도록 해야 한다.

12.4.2 로그 정보 보호

통제
로그 기록 설비와 로그 정보를 변조 및 비인가 접근으로부터 보호하여야 한다.

구현 지침
다음과 같은 내용을 포함한 로그 정보에 대한 비인가 변경과 로그 기록 설비에 대한 운영상 문제점을 방지하기 위하여 통제를 수립하여야 한다.
  a) 기록된 메시지 유형의 변경
  b) 로그 파일의 편집 또는 삭제
  c) 이벤트 기록에 실패하거나 과거에 기록된 이벤트를 덮어쓰는 결과를 가져오는 로그 파일 매체의 용량 초과

일부 감사 로그는 기록 보유 정책이나 증거의 수집 및 유지 요구사항에 따라 보존이 필요할 수 있다.

기타 정보
시스템 로그는 주로 대량의 정보를 포함하며, 그 대부분은 정보보호 모니터링과 상관없는 내용이다. 정보보호 모니터링을 목적으로 주요 이벤트를 식별하려면 적절한 메시지 유형으로 이차 로그에 자동 복사하거나 파일에 대한 조사와 분석을 수행하는 적절한 시스템 유틸리티 또는 감사 도구의 사용을 고려하여야 한다.

시스템 로그에 포함된 데이터가 수정 또는 삭제되면 보안에 대한 그릇된 판단이 발생할 수 있기 때문에 시스템 로그를 보호해야 한다. 시스템 관리자 또는 운영자의 통제를 벗어난 시스템으로 로그를 실시간 복제하는 방식을 이용하여 로그를 안전하게 보호할 수 있다.

12.4.3 관리자 및 운영자 로그

통제
시스템 관리자와 시스템 운영자의 활동을 기록하고 로그를 보호하여 주기적으로 검토하여야 한다.

구현 지침
특수권한 사용자 계정의 소유자는 자신의 지시 통제 하에서 정보처리 시설의 로그를 조작할 수도 있으므로, 특수권한 사용자의 책임추적성을 유지관리하기 위한 로그의 보호와 검토가 필요하다.

기타 정보
시스템 및 네트워크 관리 활동의 준거성을 모니터링 하기 위하여, 시스템 및 네트워크 관리자의 통제를 벗어나서 관리되고 있는 침입탐지 시스템을 사용할 수 있다.

12.4.4 시각 동기화

통제
 조직 또는 보안 도메인 내에서 모든 관련 정보처리 시스템의 시각은 동일한 출처의 참조 시간으로 동기화하여야 한다.

구현 지침
 시간 표현, 동기화, 정확성 유지를 위한 내부 및 외부 요구사항을 문서화하여야 한다. 해당 요구사항에 법률, 규제, 계약 요구사항, 표준 준거성, 내부 모니터링 요구사항이 포함될 수 있다. 조직 내부에서 사용하기 위한 표준 참조 시간을 정의하여야 한다.
 외부 출처에서 참조 시간을 획득하여 내부 시각을 동기화하는 조직의 접근방법을 문서화하고 적용하여야 한다.

기타 정보
 컴퓨터 시각의 올바른 설정은 감사 로그의 정확성을 보장하기 위하여 중요하다. 감사 로그는 사고조사나 법적 분쟁 시 증거로 활용될 수 있기 때문이다. 부정확한 감사 로그는 조사의 방해요인이 되며, 증거의 신뢰도를 저하시킨다. 국가 원자시계를 출처로 라디오 방송 시간과 연계된 시각을 로그 기록 시스템의 마스터 시각으로 사용할 수 있다. 마스터 시각과 다른 모든 서버의 시각을 동기화하기 유지하기 위하여 네트워크 시간 프로토콜을 사용할 수 있다.

12.5 운영 소프트웨어 통제

> 목적: 운영 시스템의 무결성을 보장

12.5.1 운영 시스템 소프트웨어 설치

통제
운영 시스템상의 소프트웨어 설치를 통제하기 위한 절차를 구현하여야 한다.

구현 지침
운영 시스템상의 소프트웨어에 대한 변경을 통제하기 위하여 다음과 같은 지침을 고려하여야 한다.
   a) 운영 소프트웨어, 어플리케이션, 프로그램 라이브러리의 갱신은 적절한 경영진의 승인하에 숙달된 관리자가 수행하여야만 한다.
   b) 운영 시스템은 승인된 실행코드만 보유하여야 하며, 개발 중인 코드나 컴파일러를 보유해서는 안된다.
   c) 애플리케이션과 운영 시스템의 소프트웨어는 반드시 광범위하고 성공적인 시험을 거쳐 구현하여야 한다. 시험은 유용성, 보안성, 타 시스템에 미치는 영향, 사용자 친화성을 포괄하여야 하며, 별도로 분리된 시스템에서 수행하여야 한다. 모든 해당 프로그램 소스 라이브러리가 최신으로 갱신 되었음을 보장하여야 한다.
   d) 시스템에 대한 문서화뿐만 아니라, 구현된 모든 소프트웨어에 대한 통제를 유지하기 위하여 구성 통제 시스템을 사용하여야 한다.
   e) 변경사항을 구현하기 이전에 원상복구 전략을 수립하여야 한다.
   f) 운영 프로그램 라이브러리에 대한 모든 업데이트는 감사 로그로 유지하여야 한다.
   g) 비상조치를 위하여 이전 버전의 응용 시스템 소프트웨어를 유지하여야 한다.
   h) 구 버전의 소프트웨어는 데이터를 보존하여 유지하고 있는 한 모든 필요한 정보와 매개변수, 절차, 구성 세부사항 및 지원 소프트웨어와 함께 보존하여야 한다.

운영 시스템에서 사용 중인 벤더가 제공한 소프트웨어는 공급자가 계속 지원하고 있는 수준으로 유지하여야 한다. 시간이 지나면 소프트웨어 벤더는 구 버전의 소프트웨어에 대한 지원을 중단할 것이다. 조직은 지원되지 않는 소프트웨어에 의존함에 따라 발생 가능한 위험을 고려하여야 한다.
새로 출시된 버전으로의 업그레이드를 결정할 때 변경에 대한 업무 요구사항과 해당 버전의 보안성(예: 신규 보안 기능의 도입이나 해당 버전에 영향을 미치는 보안 문제점의 규모와 심각도)을 감안하여야 한다. 소프트웨어 패치는 정보보호 취약점의 제거나 감소를 지원할 수 있을 때 적용하여야 한다.
공급자의 물리적 또는 논리적 접근은 지원이 필요한 경우에만 경영진의 승인을 거쳐 허용하여야 한다. 공급자의 활동을 모니터링 하여야 한다.
외부에서 공급된 소프트웨어와 모듈에 의지할 수밖에 없는 컴퓨터 소프트웨어는 비인가 변경을 피하도록 모니터링 및 통제하여야 하지만, 보안 취약점이 나타날 수 있다.

12.6 기술적 취약점 관리

> 목적: 기술적 취약점의 악용을 방지하기 위하여

12.6.1 기술적 취약점 관리

통제
사용 중인 정보시스템의 기술 취약점 정보를 적시에 수집하고, 해당 취약점에 대한 조직의 노출 정도를 평가하여 관련 위험을 해결할 수 있는 적절한 조치를 취해야 한다.

구현 지침
현행화하고 완전성을 갖춘 자산 목록은 효과적인 기술적 취약점 관리를 위한 전제조건이다. 기술적 취약점 관리를 지원하기 위한 구체적인 정보에는 소프트웨어 벤더, 버전 번호, 현재 배치된 상태(예: 시스템별로 설치된 소프트웨어), 소프트웨어에 대한 책임을 지는 조직의 인력 등이 포함된다.

잠재적인 기술적 취약점이 파악되면 적시에 적절한 조치로 대응하여야 한다. 기술적 취약점에 대한 효과적인 관리 프로세스를 수립하기 위해 다음과 같은 지침을 준수하여야 한다.
 a) 조직은 취약점 모니터링, 취약점 위험 평가, 패치 설치, 자산 추적, 필요한 공조 책임을 포함한 기술적 취약점 관리와 연관된 역할 및 책임을 정의하고 수립하여야 한다.
 b) 소프트웨어 및 기타 기술에 대해 관련된 기술적 취약점을 식별하고 이를 인식하도록 유지하기 위해 사용되는 정보 자원은 자산 목록을 기반으로 파악하여야 한다. 이러한 정보 자원은 자산 목록이 변경되거나 새롭게 유긍한 자산이 발견되는 경우에 갱신하여야 한다.
 c) 잠재적인 관련 기술적 취약점을 공지하기 위한 기간을 정의하여야 한다.
 d) 잠재적 기술적 취약점이 식별되면 조직은 연관된 위험과 대응 조치를 파악하여야 한다. 이러한 조치에는 취약한 시스템에 대한 패치나 다른 통제의 적용이 포함될 수 있다.
 e) 기술적 취약점에 얼마나 신속한 대응이 필요한지에 따라 변경 관리와 관련된 통제를 수행하거나, 정보보호 사고대응 절차에 따라 조치를 취하여야 한다.
 f) 정상적인 출처에서 패치를 가져올 경우에 패치 설치와 연관된 위험을 평가하여야 한다. (취약점으로 인한 위험과 패치 설치로 인한 위험을 비교하여야 한다).
 g) 패치를 설치하기 전에 그 효과와 함께 대응 불가능한 부작용은 없는지 시험 및 평가하여야 한다. 만약 적용할 수 있는 패치가 존재하지 않으면 다음과 같은 통제를 고려하여야 한다.
    1) 취약점과 관련된 서비스 또는 기능의 사용 중단
    2) 네트워크 경계에 방화벽 등의 접근통제 적용 또는 추가
    3) 실제 공격을 탐지하기 위한 모니터링 강화
    4) 취약점에 대한 인식 제고
 h) 수행한 모든 절차에 대한 감사 로그를 보관하여야 한다.
 i) 기술적 취약점 관리 프로세스는 주기적으로 모니터링하여야 하며, 그 효과성과 효율성을 보장하기 위해 평가하여야 한다.

j) 고위험을 지닌 시스템부터 개선하여야 한다.
k) 효과적인 기술적 취약점 관리 프로세스는 취약점 관련 정보를 사고 대응 기능에 전달하고 사고 발생 시 수행될 기술적 절차를 제공하기 위하여 사고 관리 활동과 연계되어야 한다.
l) 취약점이 식별되었지만 적절한 대응책이 부재한 상황을 다루기 위한 절차를 정의하여야 한다. 이러한 상황에서 조직은 취약점과 관련된 위험을 평가하고 적절한 탐지 및 시정 조치를 정의하여야 한다.

기타 정보

기술적 취약점 관리는 변경 관리 프로세스와 절차를 활용할 수 있으므로 변경관리의 하위 기능으로 간주될 수도 있다.

흔히 벤더는 가능한 한 빨리 패치를 배포해야 한다는 압박감을 가지고 있다. 따라서 패치가 문제를 적절히 처리하지 못할 가능성이 존재하고 부작용이 있을 수도 있다. 또한 패치를 적용한 후에는 제거하기가 쉽지 않은 경우도 있다.

비용이나 자원 부족, 패치 출시 지연 등으로 인해 패치를 적절하게 시험할 수 없다면, 다른 사용자가 알려준 경험을 기초로 연관된 위험을 평가할 수 있다.

12.6.2 소프트웨어 설치 제한

통제

사용자의 소프트웨어 설치를 제한하는 규정을 수립하고 구현하여야 한다.

구현 지침

조직은 사용자가 설치할 수 있는 소프트웨어의 유형을 엄격하게 정책으로 정의하고 시행하여야 한다. 최소 권한의 원칙을 적용하여야 한다. 특정한 권한이 부여된 사용자는 소프트웨어를 설치할 능력을 갖게 된다. 조직은 소프트웨어 설치가 허용되는 유형(예: 기존 소프트웨어에 대한 업데이트 및 보안패치)과 설치가 금지되는 유형(예: 사적인 용도 및 악성코드인지 모르거나 의심스러운 소프트웨어)을 파악하여야 한다. 이러한 권한은 사용자의 역할을 고려하여 부여하여야 한다.

기타 정보

컴퓨터 기기에 대한 소프트웨어의 설치를 통제하지 않으면 취약점을 유발하여 정보 유출, 무결성 손상, 기타 정보보호 사고나 지적 재산권의 침해로 이어질 수 있다.

12.7 정보시스템 감사 고려사항

목적: 운영시스템에 대한 감사 활동의 영향을 최소화

12.7.1 정보시스템 감사 통제

통제
운영시스템의 검증에 필요한 감사 요구사항과 활동은 업무 프로세스의 중단을 최소화하도록 신중하게 계획하고 합의를 거쳐야 한다.

구현 지침
다음과 같은 지침을 따라야 한다.
  a) 시스템과 데이터에 접속하기 위한 감사 요구사항을 적절한 경영진과 합의하여야 한다.
  b) 기술적 감사 시험의 범위를 합의하고 통제하여야 한다.
  c) 감사 시험은 소프트웨어와 데이터에 대한 읽기전용(read-only) 접근으로 제한하여야 한다.
  d) 읽기전용이 아닌 접근은 시스템 파일과 격리된 사본에만 허용하여야 하며, 감사가 완료되면 해당 사본을 삭제하거나 감사 문서화 요구사항에서 사본을 보관할 의무가 주어진 경우에는 적절한 보호대책을 적용하여야 한다.
  e) 특별하거나 추가적인 처리 요구사항을 파악하면 합의를 거쳐야 한다.
  f) 시스템 가용성에 영향을 미치는 감사 시험은 업무 시간 이외의 시간에 실행하여야 한다.
  g) 모든 접근은 참고 증적을 생성하기 위하여 모니터링하고 로그로 기록하여야 한다.

13. 통신 보안

13.1 네트워크 보안관리

> 목적: 네트워크상의 정보와 이를 지원하는 정보처리 시스템의 보호를 보장

13.1.1 네트워크 통제

통제

시스템과 애플리케이션에서 처리되는 정보를 보호하기 위하여 네트워크를 관리하고 통제하여야 한다.

구현 지침

네트워크상의 정보에 대한 보안과 비인가 접근으로부터 네트워크에 연결된 서비스의 보호를 보장하기 위하여 통제를 구현하여야 한다. 특히 다음과 같은 사항을 고려하여야 한다.
  a) 네트워크 장비의 관리를 위한 책임과 절차를 수립하여야 한다.
  b) 네트워크에 대한 운영 책임은 컴퓨터 운영 책임과 적절히 분리하여야 한다.
  c) 공중망이나 무선 네트워크를 통해 전달되는 정보의 기밀성과 무결성을 보장하고 연결된 시스템과 애플리케이션을 보호하기 위한 대책을 수립하여야 한다. 네트워크 서비스와 연결된 컴퓨터의 가용성을 유지하기 위하여 특별한 통제가 필요할 수 있다.
  d) 정보보호에 영향을 미치거나 관련된 활동을 기록하고 탐지가 가능하도록 적절한 로그 기록 및 모니터링 방법을 적용하여야 한다.
  e) 조직에 대한 서비스를 최적화하고 정보처리 기반시설 전반에 걸쳐 통제가 지속적으로 적용될 수 있도록 관리 활동 간에 긴밀한 공조를 유지하여야 한다.
  f) 네트워크에 연결된 시스템을 인증하여야 한다.
  g) 시스템의 네트워크 연결을 제한하여야 한다.

기타 정보

네트워크 보안에 관한 추가적인 정보는 ISO/IEC 27033에서 얻을 수 있다.

13.1.2 네트워크 서비스 보안

통제

내부 또는 외부에서 제공하는 모든 네트워크 서비스의 보안 메커니즘, 서비스 수준, 관리 요구사항을 식별하고 네트워크 서비스 협약에 포함시켜야 한다.

구현 지침

안전한 방식으로 합의된 서비스를 관리하도록 네트워크 서비스 제공자의 역량을 결정하고 주기적으로 모니터링 하여야 하며, 감사 권한을 협의하여야 한다.
보안 특성, 서비스 수준, 관리 요구사항 등의 특정 서비스를 위해 필요한 보안 준비사항을 파악하여야 한다. 조직은 네트워크 서비스 제공자가 필요한 대책을 구현하고 있음을 보장하여야 한다.

기타 정보

네트워크 서비스는 접속 제공, 사설 네트워크 서비스 및 부가가치 통신망, 방화벽과 침입탐지 시스템 등의 네트워크 보안 솔루션 관리를 포함한다. 이러한 서비스는 단순한 비관리형 대역폭에서 복잡한 부가가치 서비스까지 다양한 범위가 될 수 있다.
네트워크 서비스의 보안 특성에는 다음과 같은 사항이 해당될 수 있다.
   a) 인증, 암호화, 네트워크 접속 통제 등 네트워크 서비스의 보안을 위해 적용된 기술
   b) 보안 규정과 네트워크 접속 규정에 따라 네트워크 서비스와 안전하게 접속하는 데 필요한 기술적 매개변수
   c) 필요한 경우, 네트워크 서비스나 애플리케이션에 대한 접근을 제한하기 위한 네트워크 서비스 사용 절차

13.1.3 네트워크 분리

통제

정보서비스, 사용자, 정보시스템을 그룹으로 네트워크상에서 분리하여야 한다.

구현 지침

대규모 네트워크의 보안을 관리하는 방법 중 하나는 개별 네트워크 도메인으로 분리하는 것이다. 도메인은 신뢰수준을 기반으로 하거나(예: 공공 접속 도메인, 데스크톱 도메인, 서버 도메인 등) 조직 부서에 따라(예: 인적 자원, 재무, 마케팅 등) 또는 특정 조합으로(예: 여러 조직 부서에 연결된 서버 도메인) 선정할 수 있다. 물리적으로 다른 네트워크를 사용하거나 별도의 논리적 네트워크(예: 가상사설망)를 활용하여 분리가 가능하다.

각각의 도메인에 대한 경계를 명확히 정의하여야 한다. 네트워크 도메인 간의 접근을 허용하더라도 게이트웨이(예: 방화벽, 필터링 라우터)를 사용하여 경계 지점을 통제하여야 한다. 네트워크를 도메인으로 분리하고 게이트웨이를 통해 접속을 허용하는 기준은 개별 도메인의 보안

요구사항에 대한 평가를 근거로 결정하여야 한다. 보안 요구사항에 대한 평가는 접근통제 정책, 접근 요구사항, 처리할 정보의 가치 및 등급에 따라야 하며, 상대적 비용과 적절한 게이트웨이 기술의 도입으로 인한 성능 영향 등도 감안하여야 한다.

무선 네트워크는 네트워크 경계를 명확하게 정의할 수 없기 때문에 특별한 조치를 필요로 한다. 민감한 환경에서 모든 무선 접속은 외부 접속으로 취급하고 내부 네트워크와 접속을 분리하여야 하며, 네트워크 통제 정책에 따라 게이트웨이를 통과한 이후에만 내부 시스템에 대한 접속을 허용하도록 한다.

표준에 따른 인증과 암호화 및 최신의 사용자 수준 네트워크 접근통제 기술을 기반으로 무선 네트워크를 적절히 구현한 경우에는 조직의 내부 네트워크로 직접 접속할 수 있다.

기타 정보

정보처리와 네트워크 시설의 상호 연결이나 공유를 필요로 하는 업무 파트너 관계가 형성됨에 따라 네트워크는 자주 조직의 범위를 넘어 확장되고 있다. 이러한 범위의 확장은 네트워크를 사용하는 조직의 정보시스템에 대한 비인가 접근의 위험을 증가시키며, 일부 시스템은 그 민감도와 중요도로 인해 다른 네트워크 사용자의 접근을 방지할 필요가 있다.

13.2 정보 전송

> 목적: 조직 내부에서 또는 외부자에게 전송되는 정보의 보안을 유지

13.2.1 정보 전송 정책 및 절차

통제
 모든 유형의 통신 시설을 거치는 정보의 전송을 보호하기 위하여 공식적인 전송 정책, 절차, 통제를 마련하여야 한다.

구현 지침
 정보 전송을 위한 통신 시설을 사용할 때 따라야 하는 절차와 통제는 다음과 같은 항목을 고려하여 수립하여야 한다.
 a) 전송할 정보를 도청, 복사, 수정, 경로 이탈, 파손으로부터 보호하기 위해 설계한 절차
 b) 전자 통신을 사용하여 이동하는 악성코드의 탐지와 방지를 위한 절차
 c) 첨부파일 형식의 민감한 전자 정보를 보호하기 위한 절차
 d) 통신 설비의 적절한 사용에 관한 정책이나 지침
 e) 조직에 피해를 주는 행위(예: 명예 실추, 추행, 사칭, 행운의 편지 전송, 비인가 구매 등)를 금지하기 위한 직원, 외부자, 기타 사용자의 책임
 f) 정보의 기밀성, 무결성, 진본성 등을 보호하기 위한 암호화 기술의 사용
 g) 국가 및 지역 사회의 관련 법규에 따라 메시지를 포함한 모든 업무상 거래 내역에 대한 보유와 폐기 지침
 h) 통신 시설의 사용과 연관된 통제 및 제한사항(예: 전자 메일을 외부 메일 주소로 자동 전달)
 i) 기밀정보의 누설을 예방하기 위해 적절한 주의를 기울이도록 인력에게 당부
 j) 자동 응답기는 비인가자에 의한 재생의 가능성이 있고 공용 시스템에 저장되거나 전화를 잘못 걸어 다른 번호에 저장될 수 있기 때문에 기밀정보가 포함된 메시지를 자동 응답기에 남기지 않음
 k) 팩스 장비나 팩스 서비스를 이용할 때 다음과 같은 문제점에 관해 인력에게 당부
    1) 내장된 메시지 저장장치에 대한 비인가 접근으로 메시지 추출
    2) 특정 번호로 메시지를 전송하도록 하는 장비에 대한 고의적 또는 우발적 프로그래밍
    3) 전화를 잘못 걸거나 잘못 저장된 전화번호를 사용하여 문서 및 메시지를 잘못된 번호로 전송
또 인력에게 공공장소나 안전하지 않은 통신 채널, 공개된 사무실이나 회의실에서 기밀 대화를 하지 않도록 상기시켜야 한다.
정보 전송 서비스는 관련된 법적 요구사항을 준수하여야 한다.

기타 정보
 정보 전송은 이메일, 음성, 팩스, 비디오를 포함한 다양한 유형의 통신 시설을 통해 이루어질 수 있다. 소프트웨어 전송은 인터넷 다운로드, 매장에서 판매하는 벤더 제품 구입 등 다양한 매체를 통해 이루어질 수 있다.
 전자 데이터 교환, 전자 상거래, 전자 통신과 관련된 업무, 법률, 보안 시사점 및 통제 요구사항을 고려하여야 한다.

13.2.2 정보 전송 협약

통제
조직과 외부자 간의 업무 정보를 안전하게 전송하기 위한 협약을 체결하여야 한다.

구현 지침
정보 전송 협약은 다음과 같은 사항을 포함하여야 한다.
  a) 정보 전달, 송신, 수신을 통제하고 통지하는 관리 책임
  b) 추적가능성과 부인방지를 보장하기 위한 절차
  c) 포장 및 전달을 위한 최소한의 기술적 표준
  d) 에스크로(escrow) 협약
  e) 운반자 식별 표준
  f) 데이터 손실과 같은 정보보호 사고 발생 시 법적 책임
  g) 표식의 의미가 즉시 이해되고 정보가 적절하게 보호됨을 보장할 수 있도록 민감하거나 중요한 정보를 위한 합의된 표식 체계의 사용
  h) 정보 및 소프트웨어를 기록하고 열람하기 위한 기술 표준
  i) 암호화 같이 민감한 항목을 보호하기 위해 요구되는 특별한 통제
  j) 정보가 전송되는 동안 증거 보전의 연계성 유지
  k) 적절한 접근통제 수준

전송 중인 정보와 물리적 매체의 보호를 위하여 정책, 절차, 표준을 수립하고 유지하여야 하며, 전송 협약을 참조하여야 한다.

모든 협약의 정보보호 조항에는 업무 정보의 민감도를 반영하여야 한다.

기타 정보
  협약은 전자 문서 또는 수기 문서의 형태가 될 수 있으며, 공식적인 계약의 형식을 취할 수 있다. 기밀정보의 전송을 위해 사용되는 특정 기법은 모든 조직 및 모든 유형의 협약에 일관성을 유지하여야 한다.

13.2.3 전자 메시지 교환

통제
전자적인 메시지 교환에 포함된 정보는 적절하게 보호하여야 한다.

구현 지침
전자 메시지 교환과 관련된 정보보호 고려사항에는 다음과 같은 내용을 포함하여야 한다.
  a) 조직에서 채택한 등급 분류체계를 적용하여 비인가 접근, 수정, 서비스 거부 등으로부터 메시지의 보호

b) 메시지에 대한 정확한 주소 설정과 운반의 보장
  c) 서비스의 신뢰성과 가용성
  d) 전자서명 요구사항 등의 법적 고려사항
  e) 채팅, 소셜 네트워킹, 파일 공유 등 외부의 공공 서비스를 사용하기 이전에 승인 획득
  f) 공개적으로 접속 가능한 네트워크에 대한 접근을 통제할 수 있도록 인증 수준의 강화

기타 정보

 업무 의사소통을 위해 사용되는 전자 메시지 유형은 이메일, 전자 데이터 교환, 소셜 네트워킹 등으로 다양하다.

13.2.4 기밀유지협약 및 비밀유지서약

통제

 정보보호에 대한 조직의 요구를 반영한 기밀유지협약 및 비밀유지서약 요구사항을 식별하고 주기적으로 검토 및 문서화하여야 한다.

구현 지침

 기밀유지협약 또는 비밀유지서약은 기밀정보를 보호하기 위해 법적으로 강제할 수 있는 요구사항을 다루어야 한다. 기밀유지협약 또는 비밀유지서약은 외부자 또는 조직의 직원에게 적용될 수 있다. 외부자의 유형과 기밀정보에 허용되는 접근이나 취급을 고려하여 조항을 선택하거나 추가하여야 한다.

 기밀유지협약 또는 비밀유지서약에 대한 요구사항을 식별하기 위하여 다음과 같은 조항을 고려하여야 한다.
  a) 보호해야 하는 정보의 정의(예: 기밀정보)
  b) 기밀성이 영구적으로 유지되어야 하는 경우를 포함한 서약의 유효 기간
  c) 협약 종료 시 필요한 활동
  d) 인가되지 않은 정보 유출을 피하기 위한 서명자의 책임과 활동
  e) 정보, 영업 비밀, 지적 재산권에 대한 소유권과 기밀정보의 보호를 위한 소유권의 활용 방법
  f) 기밀정보에 허용된 사용과 서명자의 정보사용 권한
  g) 기밀정보를 사용하는 활동을 감사하고 모니터링할 수 있는 권한
  h) 기밀정보의 인가되지 않은 유출을 통지 및 보고하기 위한 프로세스
  i) 계약 종료 시 반환하거나 파기하여야 할 정보에 관한 조건
  j) 서약 위반 시 조치사항

 조직의 정보보호 요구사항에 따라 기밀유지협약 또는 비밀유지서약에 추가적인 조항이 필요할 수 있다.
 기밀유지협약 또는 비밀유지서약은 관할 사법권의 모든 적용 가능한 법규를 준수하여야 한다.

기밀유지협약 또는 비밀유지서약을 위한 요구사항은 주기적으로 그리고 요구사항에 영향을 주는 변화가 발생하는 경우에 검토하여야 한다.

기타 정보
기밀유지협약 또는 비밀유지서약은 조직의 정보를 보호하고 서명자에게 정보의 보호, 사용, 공개를 명확한 책임하에 인가된 방법으로 수행하도록 의무를 부과한다.

조직의 상황이 다른 경우에는 다른 형태로 기밀유지협약 또는 비밀유지서약을 적용할 필요가 있을 수 있다.

13. 통신 보안

14. 시스템 도입, 개발, 유지보수

14.1 정보시스템 보안 요구사항

> 목적: 공중망을 통해 서비스를 제공하는 정보시스템에 대한 요구사항도 포함하여 정보시스템의 전체 생명주기에 걸쳐 정보보호가 필수적인 부분임을 보장

14.1.1 정보보호 요구사항 분석 및 명세

통제

정보보호 관련 요구사항을 신규 정보시스템의 요구사항이나 기존 정보시스템의 개선사항에 포함시켜야 한다.

구현 지침

정보보호 요구사항은 정책, 규정, 위협 모델링, 사고 검토, 취약점 임계치의 활용을 통해 준거성 요구사항을 추출하는 등의 다양한 방법을 사용하여 식별하여야 한다. 식별한 결과를 문서화하고 모든 이해관계자에게 검토를 받아야 한다.

정보보호 요구사항과 통제는 대상 정보의 업무 가치와 적절한 보안의 부재로 발생할 수 있는 부정적인 업무 영향을 반영하여야 한다.

정보보호 요구사항 및 연관된 프로세스의 식별과 관리는 정보시스템 프로젝트의 초기 단계부터 통합되어야 한다. 정보보호 요구사항을 초기(예: 설계 단계)에 고려하면 보다 효과적이고 비용 효율적인 해결책을 도출할 수 있다.

정보보호 요구사항은 다음과 같은 사항을 고려하여야 한다.
 a) 사용자 인증 요구사항을 도출하기 위하여 사용자가 제시한 신원에 따른 신뢰 수준
 b) 특수권한 또는 기술직 사용자뿐만 아니라 업무 사용자를 위한 접근권한 설정 및 권한부여 프로세스
 c) 사용자와 운영자에 대한 정보보호 의무 및 책임 공지
 d) 가용성, 기밀성, 무결성에 따라 자산에 요구되는 보호 요건
 e) 거래 로그 기록, 모니터링, 부인방지 요구사항 등의 업무 프로세스로부터 추출한 요구사항
 f) 로그 기록, 모니터링, 데이터 유출 탐지시스템에 대한 인터페이스 등 다른 보안 통제에서 의무화 하는 요구사항

공중망을 통해 서비스를 제공하거나 거래를 구현한 애플리케이션에는 14.1.2와 14.1.3의 전용 통제를 고려하여야 한다.

만약 상용 제품을 도입하는 경우, 공식적인 시험 및 도입 프로세스를 준수하여야 한다. 공급자와의 계약서에는 사전 파악된 보안 요구사항을 명시하여야 한다. 제안된 제품에 내재된 보안 기능이

명시한 요구사항을 만족하지 못하는 경우에 유발될 위험과 관련 통제는 제품을 구매하기 전에 다시 고려하여야 한다.

최종 소프트웨어 또는 서비스 계층과 연계한 제품의 보안 구성을 위해 가용한 지침을 평가하고 적용하여야 한다.

식별된 보안 요구사항을 충족함을 보장하기 위하여 제품에 대한 수용 기준(예: 기능 항목)을 정의하여야 한다. 제품은 이 기준에 따라 도입 이전에 평가하여야 한다. 수용할 수 없는 추가적인 위험을 유발하지 않도록 보장하기 위하여 부가 기능을 검토하여야 한다.

기타 정보
ISO/IEC 27005와 ISO 31000은 정보보호 요구사항을 충족하는 통제를 식별하기 위하여 위험 관리 프로세스의 사용에 대한 지침을 제공한다.

14.1.2 공중망 응용 서비스 보안

통제
공중망을 통해 전달되는 응용 서비스의 정보는 부정 행위, 계약 분쟁, 비인가 유출 및 수정으로부터 보호하여야 한다.

구현 지침
공중망으로 전달되는 응용 서비스의 정보보호 고려사항은 다음과 같은 내용을 포함하여야 한다.
 a) 각각의 참가자가 인증 등의 방법으로 타인의 신원에 요구하는 신뢰 수준
 b) 중요한 거래 문서의 내용을 승인하고 발급 또는 서명하는 자와 연관된 권한부여 프로세스
 c) 통신 파트너에게 서비스의 제공이나 사용을 위한 권한부여를 명확하게 공지하도록 보장
 d) 기밀성, 무결성, 핵심 문서의 송수신 증명, 계약 부인 방지를 위한 요구사항(예: 입찰 및 계약 프로세스 관련)의 결정 및 충족
 e) 핵심 문서의 무결성 보장을 위해 필요한 신뢰 수준
 f) 기밀 정보에 대한 보호 요구사항
 g) 주문 거래내역, 지불 정보, 상세 배송주소, 수신확인 정보에 대한 기밀성과 무결성
 h) 소비자가 제공한 결제 정보를 확인하기에 적절한 검증 수준
 i) 사기를 방지하기 위하여 가장 적절한 결제 수단의 선택
 j) 주문 정보의 기밀성과 무결성을 유지하기 위해 필요한 보호 수준
 k) 거래 정보의 손실이나 복제 방지
 l) 부정거래와 관련된 법적 책임
 m) 보험 요구사항

대부분의 고려사항은 법적 요구사항의 준수를 감안한 암호 통제의 적용으로 해결될 수 있다.

파트너 간의 응용 서비스 협약은 권한부여에 대한 세부사항을 포함한 합의된 조건을 양측이 인정하도록 문서화된 협약서로 지원하여야 한다.

공격으로부터의 복원(resilience) 요구사항을 고려하여야 하며, 여기에는 서비스 전달에 필요한 애플리케이션 서버에 대한 보호 또는 네트워크 상호 연결의 가용성을 보장할 수 있는 요구사항을 포함하여야 한다.

기타 정보

공중망을 통해 접근할 수 있는 애플리케이션은 부정 행위, 계약 분쟁, 공공에 대한 정보 유출 등 네트워크 관련 다양한 위협에 노출된다. 따라서 반드시 상세 위험 평가와 적절한 통제의 선택이 필요하다. 필요한 통제는 주로 인증 및 안전한 데이터 전송을 위한 암호화 방법을 포함하고 있다.

응용 서비스는 위험을 감소시키기 위하여 공개 키 암호화 및 전자서명의 사용과 같은 안전한 인증 방법을 사용할 수 있다. 또한 이러한 서비스가 필요한 경우에 신뢰할 수 있는 제3자를 이용할 수 있다.

14.1.3 응용 서비스 거래 보호

통제

응용 서비스 거래의 정보는 불완전 전송, 경로 이탈, 비인가 메시지 변경, 비인가 노출, 비인가 메시지 중복, 재사용을 방지하도록 보호하여야 한다.

구현 지침

응용 서비스 거래를 위한 정보보호 고려사항은 다음과 같은 내용을 포함하여야 한다.
 a) 거래에 참여한 각각의 참가자에 의한 전자서명의 사용
 b) 다음과 같은 사항의 보장을 포함한 거래의 모든 측면
  1) 모든 참가자의 사용자 비밀 인증정보에 대한 유효성을 확인하고 검증한다.
  2) 거래 내역을 기밀로 유지한다.
  3) 모든 참가자의 프라이버시를 유지한다.
 c) 모든 참가자 간의 통신 경로는 암호화하여야 한다.
 d) 모든 참가자 간의 통신에 사용된 프로토콜은 안전하여야 한다.
 e) 거래 세부 내용에 대한 저장소는 공개적으로 접근이 불가능한 장소에 위치하도록 보장하여야 한다. 예를 들어 조직의 인트라넷에 존재하는 저장 플랫폼에 두어야 하며, 인터넷에서 직접 접속할 수 있는 저장 매체에 보유하여 노출되지 않도록 해야 한다.
 f) 전자서명이나 전자인증서의 발급 및 관리 업무 등을 위하여 신뢰 가능한 기관을 이용하는 경우, 인증서 및 서명 관리 프로세스 전반에 걸쳐 정보보호 요구사항을 통합하여 내재시켜야 한다.

기타 정보

채택할 통제의 적용 범위는 응용 서비스 거래의 유형별로 연관된 위험 수준에 비례하여야 한다.

거래의 생성 처리, 완료, 저장이 이루어지는 지역의 관할 사법권 내에 존재하는 법규 요구사항을 준수해야 할 필요가 있다.

14.2 개발 및 지원 프로세스 보안

> 목적: 정보시스템 개발 생명주기 내에 정보보호를 설계하고 구현함을 보장

14.2.1 개발 보안 정책

통제
조직 내에서 소프트웨어와 시스템의 개발을 위한 규정을 수립하고 적용하여야 한다.

구현 지침
개발 보안은 안전한 서비스, 아키텍처, 소프트웨어, 시스템을 구축하기 위한 요구사항이다. 개발 보안 정책을 수립하기 위하여 다음과 같은 측면을 고려하여야 한다.
a) 개발 환경에서의 보안
b) 소프트웨어 개발 생명주기 단계별 보안 지침
   1) 소프트웨어 개발 방법론에서의 보안
   2) 사용되는 각각의 프로그래밍 언어에 대한 시큐어 코딩 가이드라인
c) 설계 단계에서의 보안 요건
d) 프로젝트의 이정표에서의 보안 점검지점
e) 안전한 저장소
f) 버전 통제에서의 보안
g) 필요한 애플리케이션 보안 지식
h) 취약점을 회피, 발견, 수정할 수 있는 개발자의 능력

신규 개발과 기존 코드의 재사용 시나리오에 모두 보안 프로그래밍 기술을 사용하여야 한다. 재사용할 경우, 개발에 적용할 표준을 모르거나 현재의 모범 사례와 일치하지 않을 수도 있다. 시큐어 코딩 표준을 고려하여야 하며, 적절한 상황에서는 반드시 사용하여야 한다. 해당 표준을 사용할 수 있도록 개발자를 훈련하여야 하고, 시험 및 코드 검토로 사용을 검증하여야 한다.
외주로 개발하는 경우, 조직은 외주자가 개발 보안을 위한 상기 규정을 준수하고 있음을 보장받도록 해야 한다.

기타 정보
사무용 애플리케이션, 스크립트, 브라우저, 데이터베이스와 같은 애플리케이션 내부에서 개발이 이루어질 수도 있다.

14.2.2 시스템 변경 통제 절차

통제
공식적인 변경 통제 절차를 사용하여 개발 생명주기 내에서 시스템의 변경을 통제하여야 한다.

구현 지침
공식적인 변경 통제 절차는 초기 설계 단계부터 유지보수 전 과정에 걸쳐 시스템, 애플리케이션, 제품의 무결성을 보장하기 위해 문서화하고 시행하여야 한다. 신규 시스템의 도입과 기존 시스템에 대한 주요 변경은 문서화, 명세, 시험, 품질 통제, 관리된 구현의 공식적인 프로세스를 따라야 한다.
변경 통제 프로세스는 위험 평가, 변경 영향 분석, 필요한 보안 통제 명세를 포함하여야 한다. 또한 이 프로세스는 기존의 보안 및 통제 절차를 손상시키지 않고, 지원 프로그래머는 자신의 작업에 필요한 시스템만 접근할 권한을 부여받으며, 모든 변경에 대해 공식적인 합의와 승인을 거치고 있음을 보장하여야 한다.

실현 가능한 경우라면 애플리케이션과 운영 변경 통제 절차를 통합하여야 한다. 변경 통제 절차는 기본적으로 다음과 같은 사항을 포함하여야 한다.
  a) 합의된 권한부여 수준에 대한 기록 유지
  b) 인가된 사용자가 변경을 수행하도록 보장
  c) 변경으로 인해 손상되지 않도록 보장하기 위하여 통제와 무결성 절차의 검토
  d) 개정이 필요한 모든 소프트웨어, 정보, 데이터베이스, 하드웨어의 식별
  e) 알려진 보안 취약점의 발생 가능성을 최소화하기 위하여 보안이 중요한 코드의 식별 및 점검
  f) 작업의 착수 전에 상세 제안서에 대한 공식적인 승인
  g) 구현에 앞서 인가된 사용자가 변경을 승인하도록 보장
  h) 각각의 변경을 완료하면 시스템 문서를 갱신하고 이전 문서는 보존하거나 파기하도록 보장
  i) 모든 소프트웨어 업데이트에 대한 버전 통제의 유지
  j) 모든 변경 요청에 대한 감사 증적의 유지
  k) 운영 문서와 사용자 절차는 적절하게 유지하면서 필요에 따라 변경
  l) 변경의 구현이 적시에 이루어지고 관련 업무 프로세스를 방해하지 않도록 보장

기타 정보
소프트웨어의 변경은 운영 환경에 영향을 미칠 수 있으며, 운영 환경의 변경도 소프트웨어에 영향을 미칠 수 있다.
신규 소프트웨어는 운영 환경과 개발 환경으로부터 분리된 환경에서 시험하는 것이 바람직한 실무에 해당한다. 이러한 환경은 신규 소프트웨어를 전체적으로 통제하고 시험용 운영 정보의
추가적인 보호를 허용하는 수단을 제공한다. 이 통제에는 패치, 서비스 팩, 기타 업데이트를 포함하여야 한다.
자동 업데이트를 고려하는 경우, 시스템의 무결성 및 가용성에 대한 위험과 신속한 업데이트 적용의 긍정적 효과를 따져보아야 한다. 일부 업데이트는 중요한 애플리케이션을 다운시키는 원인이 되기 때문에 핵심 시스템에는 자동 업데이트를 사용하지 않도록 해야 한다.

14.2.3 운영 플랫폼 변경 후 애플리케이션 기술적 검토

통제

운영 플랫폼이 변경되면 조직의 운영이나 보안에 부정적인 영향을 미치지 않음을 보장하기 위하여 업무에 중요한 애플리케이션을 검트하고 시험하여야 한다.

구현 지침

검토 프로세스는 다음과 같은 내용을 포괄하여야 한다.
    a) 운영 플랫폼의 변경으로 인해 손상되지 않도록 보장하기 위해 애플리케이션 통제 및 무결성 절차의 검토
    b) 구현 전에 적절한 시험 및 검토가 수행될 수 있도록 운영 플랫폼의 변경이 적시에 공지됨을 보장
    c) 업무연속성 계획에 따라 적절한 변경이 수행되도록 보장

기타 정보

운영 플랫폼은 운영체제, 데이터베이스, 미들웨어 플랫폼을 포함한다. 애플리케이션의 변경에 대해서 도 이 통제를 적용하여야 한다.

14.2.4 소프트웨어 패키지 변경 제한

통제

소프트웨어 패키지에 대한 변경은 반드시 필요한 경우에만 제한적으로 허용하고 모든 변경을 엄격하게 통제하여야 한다.

구현 지침

벤더가 제공한 소프트웨어 패키지는 가능한 한 수정 없이 사용하여야 한다. 소프트웨어 패키지를 수정하여야 할 경우, 다음과 같은 점을 고려하여야 한다.
    a) 기존에 구축한 통제와 무결성 프로세스가 손상될 위험
    b) 벤더의 동의 획득 여부
    c) 벤더가 표준 프로그램 업데이트를 통해 필요한 변경을 제공할 가능성
    d) 변경의 결과로 인해 조직이 소프트웨어의 사후 유지보수에 책임을 져야 하는 경우에 다른 영향
    e) 사용 중인 다른 소프트웨어와의 호환성

변경이 필요한 경우, 원본 소프트웨어는 그대로 유지하고 지정된 사본에 변경사항을 적용하여야 한다. 모든 인가된 소프트웨어에 가장 최신으로 승인된 패치 및 애플리케이션 업데이트가 설치되도록 보장하기 위하여 소프트웨어 업데이트 관리 프로세스를 구현하여야 한다. 모든 변경은 철저히 시험하고 문서화하여야 하며, 필요한 경우 향후 소프트웨어 업그레이드에 다시 적용될 수 있다. 필요한 경우, 독립적인 평가 기관이 수정사항을 시험하고 유효성을 검증하여야 한다.

14.2.5 시스템 보안 공학 원칙

통제

시스템 보안 공학을 위한 원칙을 수립하여 문서화하고 유지하며 모든 정보시스템의 구현에 적용하여야 한다.

구현 지침

보안공학 원칙을 기반으로 정보시스템 보안공학 절차를 수립하여 문서화하고 내부 정보시스템 공학 활동에 적용하여야 한다. 정보보호에 대한 요구와 접근가능성에 대한 요구의 균형을 유지하기 위하여 아키텍처의 모든 계층(업무, 데이터, 애플리케이션, 기술 등)에서 보안을 설계하여야 한다. 신규 기술에 대한 보안 위험을 분석하여야 하고, 알려진 공격 패턴에 대응하여 설계를 검토하여야 한다.

이러한 원칙 및 수립한 공학 절차는 공학 프로세스 내에서 보안 표준의 개선에 효과적으로 기여하고 있음을 보장하기 위하여 주기적으로 검토하여야 한다. 또한 새로운 잠재적 위협에 대처하고 기술의 발전에 따라 계속 적용할 수 있도록 최신 상태를 유지함을 보장하기 위하여 주기적으로 검토하여야 한다.

수립한 보안공학 원칙은 조직과 외주 제공자 간의 계약이나 다른 구속력 있는 협약을 통해 외주 정보시스템에도 적용하여야 한다. 조직은 공급자의 보안공학 원칙이 자신의 원칙과 비교할 수 있는 정도의 엄격함을 지니고 있는지 확인하여야 한다.

기타 정보

애플리케이션 개발 절차는 입출력 인터페이스를 가진 애플리케이션의 개발에 보안공학 기술을 적용하여야 한다. 보안공학 기술은 사용자 인증 기술, 안전한 세션 통제 및 데이터 유효성 검사, 디버깅 코드 처리 및 제거에 관한 지침을 제공한다.

14.2.6 개발 환경 보안

통제

조직은 시스템의 전체 개발 생명주기를 포괄하는 시스템 개발 및 통합을 위해 안전한 개발 환경을 수립하고 적절히 보호하여야 한다.

구현 지침

개발 환경 보안은 시스템 개발과 통합에 연관된 인력, 절차, 기술을 포함한다.

조직은 개별 시스템의 개발에 연관된 위험을 평가하고 특정한 시스템에 대한 개발 환경 보안을 수립하기 위하여 다음과 같은 사항을 고려하여야 한다.
 a) 시스템에서 처리, 저장, 전송되는 데이터의 민감도
 b) 적용 가능한 외부 및 내부의 요구사항(예: 법규 또는 정책)
 c) 시스템 개발을 지원하기 위하여 조직에서 기 도입한 보안 통제
 d) 환경 내에서 작업하는 인력에 대한 신뢰성

e) 시스템 개발과 관련된 외주의 수준
f) 다른 개발 환경과의 분리 필요성
g) 개발 환경에 대한 접근의 통제
h) 환경의 변화와 그 내부에 저장된 코드에 대한 변경 모니터링
i) 안전한 원격지에 백업 저장
j) 환경 내·외부로의 데이터 이동에 대한 통제

특정 개발 환경에 대한 보호 수준이 결정되면 조직은 개발 보안 절차에 포함된 각각의 프로세스를 문서화하고 이를 필요로 하는 모든 인력에게 제공하여야 한다.

14.2.7 외주 개발

통제
조직은 외주 시스템 개발 활동을 감독하고 모니터링하여야 한다.

구현 지침
시스템 개발을 외주로 맡기는 경우, 조직의 전반적인 외부 공급망에 걸쳐 다음과 같은 사항을 고려하여야 한다.
a) 라이선스 계약, 코드 소유권, 외주 콘텐츠와 관련된 지적 재산권
b) 보안 설계, 코딩, 시험방법에 관한 계약 요구사항
c) 외부 개발자에게 승인된 위협 모델의 제시
d) 결과물의 품질과 정확성에 대한 인수 시험
e) 보안 및 프라이버시 품질의 최소 허용 수준을 수립하기 위하여 보안 임계치를 사용한 증거의 제시
f) 의도적 및 우발적인 악성 콘텐츠의 배포를 방지하기 위하여 충분한 시험을 수행한 증거의 제시
g) 알려진 취약점을 방지하기 위하여 충분한 시험을 수행한 증거의 제시
h) 소스코드를 더 이상 이용할 수 없는 경우 등에 대비한 에스크로 협약
i) 개발 프로세스와 통제를 감사할 수 있는 계약상의 권리
j) 결과물의 생성에 사용할 구축 환경에 대한 효과적인 문서화
k) 관련 법규를 준수하고 통제의 효율성을 검증하는 조직의 책임

기타 정보
공급자 관계(supplier relationship)에 대한 자세한 정보는 ISO/IEC 27036에서 얻을 수 있다.

14.2.8 시스템 보안 테스트

통제
개발 기간 동안에 보안 기능의 시험을 수행하여야 한다.

구현 지침
신규 시스템과 업데이트한 시스템은 개발 프로세스를 진행하는 동안 철저한 시험과 검증을 필요로 하며, 여기에는 활동에 대한 세부 일정의 준비, 다양한 조건하에서의 시험 입력과 예상 출력을 포함한다. 조직 내부적으로 개발할 경우, 초기 시험은 개발팀에서 수행하여야 한다. 다음으로 독립된 인수 시험(내부 개발과 외주 개발 모두 해당)을 실시하여 시스템이 기대한 대로 작동함을 보장하여야 한다. 시험의 범위는 시스템의 중요성과 특성에 따라 결정하여야 한다.

14.2.9 시스템 인수 시험

통제
신규 정보시스템, 업그레이드, 신규 버전에 대한 인수 시험 프로그램과 관련 기준을 수립하여야 한다.

구현 지침
시스템 인수 시험은 정보보호 요구사항에 대한 시험과 시스템 개발 보안 실무에 대한 준수를 포함하여야 한다. 또한 시험은 전달받은 단위 구성요소와 통합 시스템을 대상으로 수행하여야 한다. 조직은 코드 분석 도구나 취약점 스캐너 등의 자동화 도구를 활용할 수 있으며, 보안에 관련된 결함을 해소하였는지 검증하여야 한다.
조직의 환경에 새로운 취약점을 유발하지 않고도 신뢰할 수 있는 시험이 되도록 보장하기 위하여 실제와 유사한 시험 환경에서 수행하여야 한다.

14.3 시험 데이터

> 목적: 시험에 사용되는 데이터의 보호를 보장

14.3.1 시험 데이터 보호

통제
시험 데이터를 신중하게 선택하여 보호하고 통제하여야 한다.

구현 지침
시험 목적으로 개인정보나 기타 기밀정보가 포함된 운영 데이터를 사용하는 것은 피해야 한다. 개인정보 또는 기타 기밀정보를 시험 목적으로 사용하는 경우에는 민감한 세부사항과 내용을 모두 삭제하거나 수정하는 방식으로 보호하여야 한다(ISO/IEC 29101 참조).
시험 목적으로 사용되는 운영 데이터를 보호하기 위하여 다음과 같은 지침을 적용하여야 한다.
 a) 운영 중인 응용 시스템에 적용하고 있는 접근통제 절차를 시험용 응용 시스템에도 적용하여야 한다.
 b) 운영 정보를 시험 환경으로 복사할 때마다 별도의 인가를 거쳐야 한다.
 c) 운영 정보는 시험이 완료된 후 즉시 시험 환경에서 삭제하여야 한다.
 d) 운영 정보에 대한 복사와 사용은 감사 증적을 제공할 수 있도록 로그로 기록하여야 한다.

기타 정보
시스템 시험과 인수 시험은 대부분 운영 데이터와 필적할 만한 대량의 시험 데이터를 필요로 한다.

15. 공급자 관계

15.1 공급자 관계 정보보호

> 목적: 공급자가 접근할 수 있는 조직 자산에 대한 보호를 보장

15.1.1 공급자 관계 정보보호 정책

통제

조직 자산에 대한 공급자 접근과 연관된 위험을 감소시키기 위한 정보보호 요구사항은 공급자와 합의를 거쳐 문서화하여야 한다.

구현 지침

조직은 정책 내에서 조직의 정보에 대한 공급자의 접근을 특별히 다루기 위하여 정보보호 통제를 식별하고 의무화하여야 한다. 이러한 통제는 조직이 구현해야 하는 프로세스와 절차를 포함하여야 하며, 다음과 같이 공급자가 구현해야 하는 프로세스와 절차도 포함하여야 한다.

a) 조직이 자신의 정보에 대한 접근을 허용한 공급자의 유형(예: IT 서비스, 물류 유틸리티, 금융 서비스, IT 기반 구성요소)에 대한 식별 및 문서화
b) 공급자 관계를 관리하기 위하여 표준화한 절차 및 생명주기
c) 서로 다른 유형의 공급자에게 허용할 수 있는 접근의 형태를 정의하고, 접근에 대한 모니터링 및 통제
d) 조직의 업무 필요성 및 요구사항, 위험 요소를 기반으로 개별 공급자 협약을 체결할 때 기초가 될 수 있는 정보 유형별 및 접근 유형별 최소 정보보호 요구사항
e) 공급자 유형별 및 접근 유형별로 수립한 정보보호 요구사항의 준수 여부를 모니터링하기 위한 프로세스 및 절차(제3자 검토 및 제품 검증 포함)
f) 외부자가 제공하는 정보 및 정보처리의 무결성을 보장하기 위한 통제의 정확성과 완전성
g) 조직의 정보를 보호하기 위하여 공급자에게 적용 가능한 의무의 유형
h) 조직과 공급자의 책임을 포함한 공급자 접근에 연관된 사고 및 비상사태의 처리
i) 조직이나 공급자가 제공하는 정보 또는 정보처리의 가용성을 보장하기 위한 복원, 필요에 따른 복구, 비상조치 협약
j) 도입을 담당하는 조직의 인력에게 적용 가능한 정책, 프로세스, 절차에 대한 인식제고 훈련의 실시
k) 공급자의 유형 및 조직의 시스템과 정보에 대한 접근 수준을 기반으로 적절한 업무 및 행동 규정에 따라 공급자 인력과 상호작용할 수 있도록 조직 인력에 대한 인식제고 훈련의 실시
l) 정보보호 요구사항과 통제는 참가자 모두가 서명한 협약서로 문서화하도록 하는 조건
m) 이동이 필요한 정보와 정보처리 시설 등에 대한 이전의 관리 및 이전 기간 동안 정보보호 유지의 보장

기타 정보

정보보호 경영을 적절하게 수행하지 못하는 공급자로 인해 정보가 위험에 처할 수 있다. 정보처리시설에 대한 공급자의 접근을 관리하기 위한 통제를 수립하고 적용하여야 한다. 예를 들어, 정보의 기밀성을 유지하기 위한 특별한 요구가 존재하는 경우에 기밀유지서약서를 작성할 수 있다. 공급자 계약에 국경을 벗어난 정보의 전송 또는 접근이 포함되어 있는 경우에 데이터 보호 위험은 또 다른 예가 된다. 조직은 정보보호에 대한 법적 또는 계약적 책임이 여전히 해당 조직에 남아 있음을 인식하여야 한다.

15.1.2 공급자 협약 내 보안 명시

통제

모든 관련 정보보호 요구사항을 수립하여 조직 정보에 대한 접근, 처리, 저장, 통신을 수행하거나 IT 기반 구성요소를 제공하는 공급자와 합의하여야 한다.

구현 지침

관련 정보보호 요구사항을 만족시키기 위한 참가자의 의무에 대해 조직과 공급자 간에 오해하지 않도록 보장하기 위하여 공급자 협약을 체결하고 문서화하여야 한다.

식별된 정보보호 요구사항을 만족하기 위하여 다음과 같은 조항을 협약서에 포함시켜야 한다.
   a) 제공하거나 접근하려는 정보이 대한 설명 및 해당 정보를 제공하거나 접근하는 방법
   b) 조직의 등급 분류체계에 따른 정보의 등급 분류; 필요한 경우 조직의 등급 분류체계와 공급자의 등급 분류체계 간의 매핑
   c) 데이터 보호, 지적 재산권, 저작권을 포함한 법규 요구사항 및 이를 충족하도록 보장하는 방법에 대한 설명
   d) 접근통제, 성과 검토, 모니터링, 보고 및 감사 등의 합의된 통제를 구현해야 하는 개별 계약 참가자의 의무
   e) 필요한 경우, 불허된 사용을 포함한 허용 가능한 정보 사용 규정
   f) 조직의 정보에 대한 접근 또는 수신이 인가된 공급자 인력에 대한 명시적 목록이나 권한부여를 위한 절차 또는 조건, 그리고 조직의 정보를 접근 또는 수신할 수 있는 공급자 인력의 권한 제거
   g) 특정 계약과 관련된 정보보호 정책
   h) 사고 관리 요구사항 및 절차(특히 사후조치 동안의 공지 및 협력 방안)
   i) 특정한 절차와 정보보호 요구사항(예: 사고 대응, 권한부여 절차)에 대한 훈련 및 인식제고 요구사항
   j) 하부 계약에서 구현해야 하는 통제를 도함한 관련 규정
   k) 정보보호 이슈에 대해 연락할 수 있는 자 등을 포함한 관련 협약 파트너
   l) 심사를 수행할 책임, 심사의 중단 또는 의심되거나 우려되는 결과어 대한 통지 절차를 포함한 공급자 인력에 대한 적격심사 요구사항
   m) 협약과 관련된 공급자의 프로세스나 통제를 감사할 권한
   n) 결함 해결 및 갈등 해결 프로세스

o) 통제의 효과성에 관한 독립적인 보고서를 주기적으로 제공하여야 하는 제공자의 의무 및 보고서에 명시한 관련 이슈를 적시에 시정하기 위한 협약
p) 조직의 정보보호 요구사항을 준수하기 위한 공급자의 의무

기타 정보

조직에 따라, 그리고 공급자의 유형에 따라 매우 다양한 협약이 가능하다. 따라서 모든 관련 정보보호 위험과 요구사항이 포함되도록 주의를 기울여야 한다. 공급자 협약에는 다른 참가자(예: 하부 공급자)를 포함할 수도 있다.

공급자가 자신의 제품이나 서비스를 제공할 수 없게 되는 경우에도 대체 제품이나 대체 서비스를 준비하여 지연 없이 처리를 지속하기 위한 절차를 협약에서 고려할 필요가 있다.

15.1.3 정보통신기술 공급망

통제

공급자와 관련된 협약에는 정보통신기술 서비스와 제품 공급망에 연관된 정보보호 위험을 다루는 요구사항을 포함하여야 한다.

구현 지침

공급망 보안에 대한 공급자 협약에 다음과 같은 주제가 포함되도록 고려하여야 한다.
a) 공급자 관계에 대한 일반적인 정보보호 요구사항과 더불어 정보통신기술 제품 또는 서비스의 도입에 적용할 정보보호 요구사항의 정의
b) 공급자가 조직에 제공할 정보통신기술 서비스의 일부를 하부 계약자에게 위임한 경우, 조직의 보안 요구사항도 공급망을 통해 전파하도록 공급자에게 요구
c) 공급자의 정보통신기술 제품에 타 공급자로부터 구입한 구성요소가 포함되어 있는 경우, 공급망을 통해 적절한 보안 실무를 전파하도록 공급자에게 요구
d) 전달받은 정보통신기술 제품 및 서비스가 협약에 명시한 보안 요구사항을 따르는지 검증하기 위한 모니터링 프로세스와 수용 가능한 기법의 구현
e) 기능성의 유지를 위해 중요한 제품 또는 서비스 구성요소를 식별하기 위한 프로세스의 구현. 특히 최상층의 공급자가 타 공급자에게 제품이나 서비스의 일부를 외주하여 조직 외부에서 구축하는 경우에는 강화된 주의와 관찰이 필요함.
f) 중요한 구성요소와 그 출처는 공급망 전반에 걸쳐 추적할 수 있도록 보장
g) 전달받은 정보통신기술 제품이 예상하지 못하거나 원하지 않는 부분이 없이 제대로 기능을 수행하도록 보장
h) 조직과 공급자가 공급망 및 모든 잠재적 이슈와 손상에 관한 정보를 공유하기 위한 규정의 정의
i) 정보통신기술 구성요소의 생명주기, 가용성, 관련 보안 위험을 관리하기 위한 특정 프로세스의 구현. 여기에는 공급자가 사업을 중단하여 구성요소를 구할 수 없거나 기술의 향상으로 인해 더 이상 해당 구성요소를 제공하지 못하는 경우에 대한 위험 관리를 포함한다.

기타 정보

정보통신기술 공급망에 대한 위험 관리 실무는 일반적인 정보보호, 품질, 프로젝트 관리, 시스템 공학 실무를 기반으로 구축되지만 기들을 대체하지는 않는다.

정보통신기술 공급망과 제공되는 제품 및 서비스에 중대한 영향을 미칠 수 있는 문제를 이해하기 위하여 조직과 공급자는 함께 작업하도록 권고한다. 조직은 정보통신기술 공급망에 포함된 다른 공급자가 다루어야 하는 내용을 공급자와의 협약에 명시하여 관련 정보보호 실무에 반영할 수 있다. 이 표준에서 언급한 정보통신기술 공급망은 클라우드 컴퓨팅 서비스를 포함한다.

15.2 공급자 서비스 전달관리

> 목적: 공급자 협약에 따라 합의된 수준의 정보보호와 서비스 전달을 유지

15.2.1 공급자 서비스 모니터링 및 검토

통제
조직은 공급자의 서비스 전달을 주기적으로 모니터링하고 검토 및 감사를 수행하여야 한다.

구현 지침
공급자 서비스에 대한 모니터링과 검토를 통해 협약에 명시한 정보보호 관련 조항을 준수하고 있으며, 정보보호 사고 및 문제를 적절히 관리하고 있음을 보장하여야 한다.

조직과 공급자 간의 서비스 관계 프로세스를 통해 다음과 같은 내용을 수행하여야 한다.
a) 협약 준수 여부를 검증하기 위한 서비스 성과 수준의 모니터링
b) 공급자가 작성한 서비스 보고서의 검토 및 협약에 명시된 바에 따른 주기적 진행상황 회의의 개최
c) 독립적인 감사인 보고서의 검토, 가능한 경우 공급자에 대한 감사 수행, 식별한 이슈에 대한 후속조치
d) 정보보호 사고에 관한 정보를 제공하고 협약과 지원 지침 및 절차에 따른 해당 정보의 검토
e) 전달받은 서비스와 관련된 정보보호 이벤트, 운영상 문제, 장애, 고장 및 중단의 추적에 대한 공급자의 감사 증적 및 기록 검토
f) 식별한 문제의 해결 및 관리
g) 공급자와 그 자신의 공급자 간 관계에 대한 정보보호 측면의 검토
h) 대규모 서비스 장애나 재해 시 공급자가 합의한 서비스 연속성 수준을 유지할 수 있도록 실행 가능한 계획과 함께 충분한 서비스 능력을 확보하고 있음을 보장

공급자 관계에 대한 관리 책임을 지정된 개인 또는 서비스 관리팀에 할당하여야 한다. 또한 조직은 공급자가 준거성을 검토하고 협약에 명시한 요구사항을 이행할 책임을 할당하고 있음을 보장하여야 한다. 협약의 요구사항(특히 정보보호 요구사항)을 충족하고 있는지 모니터링하기 위한 충분한 기술적 역량과 자원을 확보하여야 한다. 서비스 전달 과정에 결함이 발견되면 적절한 조치를 취하여야 한다.

조직은 공급자가 접근, 처리, 관리하는 민감하거나 중요한 정보 또는 정보처리 시설의 모든 보안 측면에 대해 전반적이고 충분한 통제와 가시성(확인 및 검토 역량)을 확보하여야 한다. 조직은 정의된 보고 프로세스를 수립하여 변경 관리, 취약점 식별, 정보보호 사고 보고 및 대응 등의 보안 활동에 대한 가시성을 유지하여야 한다.

15.2.2 공급자 서비스 변경 관리

통제
기존 정보보호 정책, 절차, 통제의 유지관리와 개선을 포함 공급자의 서비스 제공에 대한 변경은 업무 정보, 시스템, 프로세스의 중요성과 위험의 재평가를 감안하여 관리하여야 한다.

구현 지침
다음과 같은 측면을 고려하여야 한다.
  a) 공급자와의 협약 변경
  b) 다음을 구현하기 위해 조직이 수행한 변경
     1) 현재 제공되고 있는 서비스의 개선
     2) 신규 애플리케이션 및 시스템의 개발
     3) 조직 정책 및 절차의 수정 또는 갱신
     4) 정보보호 사고를 해결하거나 보안을 개선하기 위한 새로운 또는 변경된 통제
  c) 다음을 구현하기 위한 공급자 서비스의 변경
     1) 네트워크의 변경 및 개선
     2) 신기술의 활용
     3) 신제품 또는 신규 버전의 채택
     4) 새로운 개발 도구 및 환경
     5) 서비스 시설의 물리적 위치 변경
     6) 공급자의 변경
     7) 다른 공급자와 하부 계약 체결

16. 정보보호 사고 관리

16.1 정보보호 사고 관리 및 개선

> 목적: 보안 이벤트와 약점에 대한 의사소통을 포함하여 정보보호 사고의 일관되고 효과적인 경영에 대한 접근을 보장

16.1.1 책임 및 절차

통제

정보보호 사고에 대한 신속하고 효과적이며 질서 있는 대응을 보장하기 위하여 관리 책임과 절차를 수립하여야 한다.

구현 지침

정보보호 사고관리에 대한 관리 책임과 절차는 다음과 같은 지침을 고려하여야 한다.
  a) 경영진 책임을 수립하여 조직 내에서 다음과 같은 절차의 적절한 개발과 소통을 보장하기 위한 관리 책임을 수립해야 한다.
     1) 사고 대응 계획 및 준비를 위한 절차
     2) 정보보호 이벤트 및 사고의 모니터링, 탐지, 분석, 보고를 위한 절차
     3) 사고 관리 활동을 기록하기 위한 절차
     4) 포렌식 증거를 다루기 위한 절차
     5) 정보보호 이벤트의 평가 및 의사결정과 정보보호 취약점의 평가를 위한 절차
     6) 상부보고, 사고의 통제된 복구, 내부자 및 외부자 또는 조직 간의 의사소통을 포함한 대응 절차
  b) 수립된 절차는 다음과 같은 사항을 보장하여야 한다.
     1) 자격이 있는 인력이 조직 내 정보보호 사건에 관련된 이슈를 처리한다.
     2) 보안 사고의 탐지와 보고를 위한 연락처를 구성한다.
     3) 정보보호 사고에 관련된 이슈를 처리하는 관계 당국과 외부 관심 그룹 또는 포럼과 적절한 접촉을 유지한다.
  c) 보고 절차는 다음과 같은 내용을 포함하여야 한다.
     1) 정보보호 이벤트가 발생할 때 보고 활동을 지원하고 보고자가 필요한 모든 활동을 상기하도록 돕기 위하여 준비된 정보보호 이벤트 보고서 양식
     2) 미준수 또는 위반의 종류, 발생한 오동작, 화면에 나타난 메시지, 이상 동작과 같은 모든 세부 사항을 즉시 기록하고 즉각적으로 연락처로 보고하여 협력 조치를 취함 등의 정보보호 이벤트 발생 시 수행해야할 절차

3) 보안을 위반한 직원을 다루기 위해 수립한 공식적인 징계 프로세스에 대한 참조
4) 이슈를 완전히 처리하고 종료한 후, 그 결과를 정보보호 이벤트의 보고자에게 통지되도록 보장하기 위한 적절한 피드백 프로세스

정보보호 사고관리의 목적은 경영진과 협의해야 하며, 정보보호 사고 관리에 대한 책임자가 정보보호 사고의 처리를 위한 조직의 우선순위를 이해하도록 보장하여야 한다.

기타 정보
정보보호 사고는 조직과 국가의 경계를 넘어설 수 있다. 이러한 사고에 대응하기 의하여 적절한 외부 조직과 협력하여 대응하고 사고 관련 정보를 공유할 필요성이 증가하고 있다.
정보보호 사고관리에 대한 더 자세한 지침은 ISO/IEC 27035에서 제공하고 있다.

16.1.2 정보보호 이벤트 보고

통제
적절한 관리 채널을 통해 가능한 한 신속하게 정보보호 이벤트를 보고하여야 한다.

구현 지침
모든 직원과 계약자는 정보보호 이벤트를 가능한 한 신속하게 보고하는 책임을 인식하고 있어야 한다. 또한 정보보호 이벤트의 보고 절차와 이벤트를 보고할 연락처를 인식하고 있어야 한다.

정보보호 이벤트의 보고를 위하여 다음과 같은 상황을 고려하여야 한다.
   a) 효과적이지 않은 보안 통제
   b) 정보 무결성, 기밀성, 가용성에 대한 기대치의 침해
   c) 인간의 오류
   d) 절차 또는 지침에 대한 미준수
   e) 물리적 보안 합의의 위반
   f) 통제되지 않은 시스템 변경
   g) 소프트웨어 또는 하드웨어의 오동작
   h) 접근 위반

기타 정보
오동작이나 기타 비정상적인 시스템 활동은 보안 공격 또는 실제 보안 위반의 징후가 될 수 있으므로 항상 정보보호 이벤트로 보고하여야 한다.

16.1.3 정보보호 취약점 보고

통제

조직의 정보시스템과 서비스를 사용하는 직원 및 계약자에게 시스템 또는 서비스에서 정보보호 취약점을 발견하거나 의심되는 경우에 주의 깊게 살펴서 보고하도록 요구해야 한다.

구현 지침

모든 직원과 계약자는 이와 같은 문제를 가능한 한 신속하게 연락처로 보고하여 정보보호 사고를 방지하여야 한다. 보고 기법은 가능한 편리하고 접근성과 가용성이 높아야 한다.

기타 정보

의심되는 보안 취약점에 대한 입증을 시도하지 않도록 직원과 계약자에게 당부하여야 한다. 취약점에 대한 시험은 시스템의 잠재적인 오용으로 해석될 수 있으며 정보시스템이나 서비스에 피해를 줄 수도 있고 시험을 수행한 개인이 법적 책임을 지게 될 수도 있다.

16.1.4 정보보호 이벤트 평가 및 의사결정

통제

정보보호 이벤트를 평가하고 정보보호 사고로 분류할지 여부를 결정하여야 한다.

구현 지침

연락처에서는 합의된 정보보호 이벤트 및 사고 등급 분류기준을 사용하여 각각의 이벤트를 평가하여 이벤트가 정보보호 사고로 분류되어야 하는지 평가하여야 한다. 등급 분류와 우선순위 할당은 사고의 영향과 규모를 파악하는 데 도움을 줄 수 있다.

조직 내에 정보보호 사고대응팀(ISIRT)을 갖춘 경우, 평가와 결정을 사고대응팀에 보내서 확인 또는 재평가를 받을 수 있다.

평가와 결정에 대한 결과는 추후에 참조 및 검증하기 위한 목적으로 자세히 기록하여야 한다.

16.1.5 정보보호 사고 대응

통제
정보보호 사고는 문서화된 절차에 따라 대응하여야 한다.

구현 지침
지정된 연락처와 기타 관련 조직 내 및 외부 인력은 정보보호 사고에 대응하여야 한다.
대응에는 다음과 같은 사항을 포함하여야 한다.
　a) 사건 발생 후 가능한 한 신속하게 증거 수집
　b) 필요한 경우 정보보호 포렌식 분석 수행
　c) 필요한 경우 상부 보고
　d) 추후 분석을 위해 모든 관련 대응 활동의 적절한 기록 보장
　e) 알 필요에 따라 정보보호 사고의 존재 또는 관련 세부사항을 내부자와 외부자 및 조직 간에 의사소통
　f) 사고를 발생시키거나 기여한 한 것으로 발견된 정보보호 취약점 처리
　g) 성공적인 사고 처리 후 공식적인 종결 및 기록

필요한 경우 사고의 근원을 파악하기 위하여 사후 분석을 수행하여야 한다.

기타 정보
사고 대응의 첫 번째 목표는 '정상 보안 수준'을 재개하는 것이며, 그 이후 필요한 복구에 착수하여야 한다.

16.1.6 정보보호 사고로부터 학습

통제
정보보호 사고를 분석하고 해결하는 과정에서 습득한 지식은 추후 사고의 가능성이나 영향을 줄이는데 사용하여야 한다.

구현 지침
정보보호 사고의 종류, 규모, 비용을 정량화하고 모니터링하기 위한 기법이 존재해야 한다. 정보보호 사건의 평가로부터 얻은 정보는 재발하거나 높은 영향을 줄 수 있는 사건의 식별에 사용되어야 한다.

기타 정보
정보보호 사고에 대한 평가는 미래의 발생 주기, 피해, 비용을 제한하거나 보안정책 검토 프로세스에서 고려할 개선 또는 추가 통제의 필요성을 나타낼 수 있다.
기밀성 측면에 주의하면서 사용자 인식 교육에서 실제 정보보호 사건의 일화를 들어 발생 가능한 상황, 사고 대응 방법, 추후 방지 방법 등의 예제로 사용할 수 있다.

16.1.7 증거 수집

통제
조직은 증거로 활용할 수 있는 정보를 식별, 수집, 획득, 보존하기 위한 절차를 정의하고 적용하여야 한다.

구현 지침
징계와 법적 조치를 목적으로 증거를 다루기 위한 내부 절차를 개발하고 따라야 한다.

일반적으로 증거를 위한 절차는 매체와 기기의 다양한 유형과 기기의 상태(예: 전원 켜짐 또는 꺼짐)에 따라 증거의 식별, 수집, 획득, 보존을 위한 프로세스를 제공하여야 한다. 이러한 절차는 다음과 같은 내용을 감안하여야 한다.
  a) 증거 보전의 연계성
  b) 증거의 안전성
  c) 인력의 안전성
  d) 인력의 역할 및 책임
  e) 인력의 자격
  f) 문서화
  g) 요약 보고

가능한 경우, 보존된 증거의 가치를 강화하기 위하여 인력과 도구의 품질에 대한 인증 또는 기타 관련된 수단을 추구해야 한다.

포렌식(forensics) 증거는 조직 또는 사법권의 경계를 초월할 수 있다. 이러한 경우에 포렌식 증거로써 필요한 정보를 조직이 수집할 자격이 있는지 확인하여야 한다. 관련 사법권에 걸친 수집 인정의 기회를 최대화하기 위하여 다양한 사법권의 요구사항 또한 고려하여야 한다.

기타 정보
식별이란 잠재적인 증거를 찾고 인식하여 문서화하는 프로세스이다. 수집이란 잠재적 증거를 포함할 수 있는 물리적 항목을 수집하는 프로세스이다. 획득은 지정된 집합 내에서 데이터의 복사본을 생성하는 프로세스를 말한다. 보존은 잠재적 증거의 무결성과 원본 조건을 유지하고 보호하는 프로세스에 해당한다.

정보보호 이벤트가 처음 탐지된 시점에는 해당 이벤트가 법정 조치로 연결될지 여부가 분명하지 않을 수 있다. 따라서 사고의 심각성을 깨닫기 전에 필요한 증거가 의도적으로 또는 우발적으로 파손될 위험이 존재한다. 법적 조치를 고려하는 경우에는 초기부터 변호사나 경찰관을 개입시켜 필요한 증거에 대한 조언을 얻는 것이 바람직하다.

ISO/IEC 27037은 전자적 증거의 식별, 수집, 획득, 보존에 대한 지침을 제공한다.

16. 정보보호 사고 관리

17. 업무연속성 관리의 정보보호 측면

17.1 정보보호 연속성

> 목적: 조직의 업무연속성 관리체계 내에 정보보호 연속성을 포함

17.1.1 정보보호 연속성 계획

통제
 조직은 위기 또는 재난과 같이 문제 상황에서 정보보호와 정보보호 경영의 연속성에 대한 요구사항을 결정하여야 한다.

구현 지침
 조직은 정보보호 연속성이 업무연속성 관리 프로세스 또는 재난복구 관리 프로세스 내에 포함되어 있는지 판단하여야 한다. 업무연속성 및 재난복구를 계획할 때 정보보호 요구사항을 결정하여야 한다.
 공식적인 업무연속성 및 재난복구 계획이 존재하지 않은 경우, 정보보호 경영진은 문제 상황에서도 정상적인 운영 조건과 동일한 정보보호 요구사항을 지닌 것으로 간주해야 한다. 다른 대안으로 문제 상황에 적용할 정보보호 요구사항을 결정하기 위하여 정보보호 측면에 대한 업무 영향분석을 수행할 수 있다.

기타 정보
 정보보호에 대한 '추가적인' 업무 영향분석의 시간과 노력을 줄이기 위하여 정상적인 업무연속성 관리, 또는 재난복구 관리의 업무 영향분석 내에 정보보호 측면을 포함시키는 방식을 추천한다. 이러한 방식은 정보보호 연속성 요구사항이 업무연속성 관리나 재난복구 관리 프로세스에서 명시적으로 처리됨을 의미한다.
 업무연속성 관리에 대한 정보는 ISO 27031, ISO 22313, ISO 22301에서 얻을 수 있다.

17.1.2 정보보호 연속성 구현

통제

조직은 문제 상황에서 정보보호에 필요한 수준의 연속성을 보장하기 위하여 프로세스, 절차, 통제를 수립하고 문서화하여 구현 및 유지하여야 한다.

구현 지침

조직은 다음과 같은 사항을 보장하여야 한다.
- a) 업무에 차질을 주는 이벤트를 감소시키고 대응하는 데 필요한 권한, 경험, 역량을 보유한 인력을 사용하도록 적절한 관리 조직을 구성하여 준비한다.
- b) 사고의 관리와 정보보호의 유지에 필요한 책임, 권한, 역량을 지닌 사고대응 인력을 임명한다.
- c) 경영진이 승인한 정보보호 연속성 목적을 기반으로 조직이 업무에 차질을 주는 이벤트를 관리하고, 정보보호를 사전에 결정된 수준으로 유지하기 위한 세부적인 방법을 담고 있는 문서화된 계획과 대응 및 복구 절차를 개발하고 승인한다.

정보보호 연속성 요구사항에 따라 조직은 다음과 같은 내용을 수립하여 문서화하고 구현 및 유지하여야 한다.
- a) 업무연속성 또는 재난복구 프로세스 내의 정보보호 통제, 절차 및 지원 시스템과 도구
- b) 문제 상황 동안에 기존 정보보호 통제를 유지하기 위한 프로세스, 절차, 구현의 변경사항
- c) 문제 상황 동안에 유지할 수 없는 정보보호 통제에 대한 보상 통제

기타 정보

업무연속성이나 재해복구 상황에 대해 특별한 프로세스와 절차를 정의할 수 있다. 이러한 프로세스와 절차 또는 전용 지원 정보시스템에서 다루는 정보는 보호되어야 한다. 따라서 조직은 업무연속성 또는 재해복구 프로세스와 절차를 수립하고 구현 및 유지할 때 정보보호 전문가를 투입하여야 한다.

구현된 정보보호 통제는 문제 상황 동안에 운영이 지속되어야 한다. 만약 보안 통제가 지속적인 정보의 안전성을 보장할 수 없으면 다른 통제를 수립하고 구현 및 유지하여 허용 가능한 정보보호 수준을 유지하여야 한다.

17.1.3 정보보호 연속성 검증, 검토, 평가

통제
 조직이 수립하고 구현한 정보보호 연속성 통제가 어려운 상황에 적절하고 효과적임을 보장하기 위하여 주기적으로 검증하여야 한다.

구현 지침
 운영이나 연속성 상황에 대한 조직, 기술, 절차, 프로세스의 변경으로 인하여 정보보호 연속성 요구사항에 변경이 발생할 수 있다. 이러한 경우에 변경된 요구사항에 따라 정보보호에 대한 프로세스, 절차, 통제의 연속성을 검토하여야 한다.

 조직은 다음과 같은 내용의 수행을 통해 정보보호 경영 연속성을 검증하여야 한다.
  a) 정보보호 연속성 목적에 대한 일관성을 보장하기 위하여 정보보호 연속성 프로세스의 기능을 실행하고 검사한다.
  b) 정보보호 연속성 목적과 일관성 있는 성능을 보장하기 위하여 정보보호 연속성 프로세스, 절차, 통제를 운영하기 위한 지식과 작업을 실행하고 검사한다.
  c) 정보시스템, 정보보호 프로세스, 절차, 통제 또는 업무연속성 관리/재난복구 관리 프로세스 및 솔루션의 변경에 따라 정보보호 연속성 척도의 유효성과 효과성을 검토한다.

기타 정보
 정보보호 연속성 통제에 대한 검증은 일반적인 정보보호 시험 및 검증과 다르며, 변경에 대한 시험을 넘어선 수행이 필요하다. 가능한 경우 정보보호 연속성 통제의 검증을 조직의 업무연속성 또는 재해복구 시험과 통합하는 것이 바람직하다.

17.2 이중화

목적: 정보처리 시설의 가용성을 보장

17.2.1 정보처리 시설 가용성

통제
 정보처리 시설은 가용성 요구사항을 만족하는데 충분하도록 이중화하여 구현하여야 한다.

구현 지침
 조직은 정보시스템의 가용성에 대한 업무 요구사항을 식별하여야 한다. 기존 시스템 구조를 사용하여 가용성을 보장할 수 없는 경우, 이중화된 구성요소 또는 구조를 고려해야 한다.
 적용 가능한 경우에 의도한 바와 같이 한 구성요소로부터 다른 구성요소로 대체 작동이 이루어짐을 보장하기 위하여 이중화된 정보시스템을 시험하여야 한다.

기타 정보
 이중화 구현은 정보와 정보시스템의 무결성이나 기밀성에 위험을 가져올 수 있다는 점을 정보시스템의 설계 시점에 고려하도록 한다.

18. 준거성

18.1 법적 및 계약 요구사항 준수

> 목적: 정보보호에 관련된 법률, 법령, 규정, 계약 의무와 보안 요구사항의 위반을 방지

18.1.1 적용 법규 및 계약 요구사항 식별

통제

 정보시스템과 조직에 관련한 모든 법령, 규제, 계약 요구사항과 조직의 요구사항 만족을 위한 접근방법을 명시적으로 식별하고 문서화하며 최신으로 유지하여야 한다.

구현 지침

 이러한 요구사항을 만족시키기 위하여 특정 통제와 개별 책임을 정의하고 문서화하여야 한다.
 관리자는 조직의 업무 유형에 따른 요구사항을 만족시키기 위하여 자신의 조직에 적용되는 모든 법규를 식별하여야 한다. 조직이 국외에서 업무를 수행하는 경우 관리자는 모든 관련 국가에서의 준거성을 고려하여야 한다.

18.1.2 지적 재산권

통제

 지적 재산권 및 소프트웨어 제품 소유권의 행사에 관련된 법령, 규정, 계약 요구사항의 준수를 보장하기 위하여 적절한 절차를 구현하여야 한다.

구현 지침

 지적 재산으로 간주될 수 있는 내용을 보호하기 위하여 다음과 같은 지침을 고려하여야 한다.
  a) 소프트웨어 및 정보 제품의 합법적 사용을 정의하는 지적 재산권 준수 정책을 공표한다.
  b) 저작권 위반이 발생하지 않도록 보장하기 위하여 잘 알려지고 믿을 수 있는 출처로부터 소프트웨어를 도입한다.
  c) 지적 재산권 보호 정책에 대한 인식 교육을 실시하고, 이를 위반한 자에게 징계 조치가 취해짐을 공지한다.
  d) 적절한 자산 등록 시스템을 유지하고 지적 재산권의 보호가 요구되는 모든 자산을 식별한다.
  e) 라이선스, 마스터 디스크, 매뉴얼 등 소유권에 대한 입증과 증거를 유지한다.

f) 라이선스가 허용하는 최대 사용자 수를 초과하지 않음을 보장하기 위한 통제를 구현한다.
g) 인가된 소프트웨어와 라이선스가 있는 제품만 설치하고 있는지 검토를 수행한다.
h) 적절한 라이선스 조건을 유지하기 위한 정책을 제공한다.
i) 소프트웨어를 폐기하거나 타인 또는 다른 조직으로 이전하기 위한 정책을 제공한다.
j) 공중망으로 획득한 소프트웨어 및 정보에 대한 이용 약관을 준수한다.
k) 저작권법에 허용된 경우를 제외하고, 상업적 기록물(영화, 음반)을 복사하거나 다른 형식으로 변환 및 추출하지 않도록 한다.
l) 저작권법에 허용된 경우를 제외하고, 도서, 기사, 보고서, 기타 문서의 전체 또는 일부를 복사하지 않는다.

기타 정보

지적 재산권은 소프트웨어 또는 문서에 대한 저작권, 의장권, 상표, 특허, 소스코드 라이선스를 포함한다.

상용 소프트웨어 제품은 주로 라이선스 계약을 통해 제공되며, 특정 기기에만 사용하도록 제한하거나 백업 복사본을 생성할 경우에만 복사를 허용하는 등의 이용 약관을 명시하고 있다. 조직에서 개발한 소프트웨어에 대한 지적 재산권의 중요성과 인식을 직원과 소통하여야 한다.

법률, 규제, 계약 요구사항에서 소유권이 지정된 내용에 대한 복사를 제한할 수 있다. 특히 조직이 직접 개발하거나 라이선스 계약 또는 개발자가 조직에 제공한 것만 사용하도록 요구할 수 있다. 저작권 위반으로 인한 법적 조치로 벌금이나 형사 소송에 직면할 수 있다.

18.1.3 기록 보호

통제

기록은 법령, 규정, 계약, 업무 요구사항에 따라 분실, 파손, 위조, 비인가 접근, 비인가 공개로부터 보호하여야 한다.

구현 지침

조직의 특정 기록에 대한 보호를 결정할 때 조직의 등급 분류체계를 기반으로 기록에 대응하는 등급을 고려하여야 한다. 유형에 따라 기록의 범주를 나누고(예: 회계 기록, 데이터베이스 기록, 거래로그, 감사 로그, 운영 절차), 각각에 대해 보유 기간과 허용될 저장 매체의 종류(예: 종이, 마이크로필름, 자기 매체, 광학 매체)를 자세하게 명시하여야 한다. 암호화된 보관물이나 전자서명에 관련된 암호 키와 프로그램은 기록의 복호화가 가능하도록 보유 기간 동안 함께 저장하여야 한다.

기록의 저장에 사용되는 매체의 품질이 저하될 가능성을 고려하여야 한다. 제작자의 권고에 따라 저장 및 취급 절차를 구현하여야 한다.

전자적인 저장 매체를 선택한 경우, 보유 기간 동안 데이터에 접근할 수 있는 능력(매체 및 양식 가독성)을 보장하는 절차를 수립하여 장래의 기술 변화로 인한 손실을 방지하여야 한다.

준수할 요구사항에 따라 허용된 시간 내에 허용된 양식으로 필요한 데이터를 추출할 수 있도록 해주는 데이터 저장 시스템을 선정하여야 한다.

가능한 저장 및 취급 시스템은 국가나 지역의 법규에서 정의한 바에 따라 기록과 그 보유 기간을 식별하도록 보장하여야 한다. 이 시스템은 조직에서 필요한 경우가 아니라면 해당 기간이 지난 후 기록을 적절히 파기하도록 허용하여야 한다.

이러한 기록의 보호 목적을 만족시키기 위하여 조직 내에서 다음과 같은 단계를 수행하여야 한다.
  a) 기록과 정보의 보유, 저장, 취급, 폐기를 위한 지침을 발행하여야 한다.
  b) 보유해야 하는 기록과 기간을 식별하기 위하여 보유 일정을 작성하여야 한다.
  c) 핵심 정보에 대한 원본 목록을 유지하여야 한다.

기타 정보

일부 기록은 법령, 규제, 계약 요구사항을 만족시키고 필수적인 업무 활동을 지원하기 위하여 안전하게 보유할 필요가 있다. 민사 또는 형사 조치의 가능성에 대한 방어를 보장하고 주주, 외부자, 감사자에게 조직의 재무 상태를 확인시켜주기 위하여 법령이나 규제 내에서 조직을 운영하는 증거로 요구되는 기록이 그 예가 될 수 있다. 국내의 법이나 규제에서 정보 보유에 대한 기간과 데이터 내용을 지정할 수 있다.

18.1.4 프라이버시 및 개인정보 보호

통제

프라이버시와 개인정보의 보호는 관련 법규와 규제에서 요구하는 바에 따르고 있음을 보장하여야 한다.

구현 지침

프라이버시와 개인정보의 보호를 위한 조직의 데이터 정책을 개발하고 구현하여야 한다. 이 정책은 개인정보의 처리에 참여하는 모든 사람에게 전달되어야 한다.

이러한 정책과 더불어 개인의 프라이버시 보호와 개인정보 보호를 다루는 모든 관련 법규와 규제를 준수하기 위하여 적절한 관리 구조와 통제가 필요하다. 흔히 개인정보보호 책임자와 같은 책임을 지닌 인력을 임명하여 관리자, 사용자, 서비스 제공자에게 개별 책임에 대한 지침과 준수할 특정 절차를 제공하도록 하는 것이 가장 좋은 방법이다. 개인정보를 취급하고 프라이버시 원칙의 인식을 보장하기 위한 책임은 관련 법규와 규제에 따라 다루어져야 한다. 개인정보를 보호하기 위하여 적절한 기술적 및 조직적 대책을 구현하여야 한다.

기타 정보

ISO/IEC 29100은 정보통신기술 시스템에서 개인정보를 보호하기 위한 상위 수준의 프레임워크를 제공한다. 다수의 국가에서 개인정보(일반적으로 해당 정보를 통해 식별할 수 있는 생존하는 개인에 대한 정보)의 수집, 처리, 전송에 대한 통제를 요구하는 법규를 제정하고 있다. 개별 국가의 법규에 따라 이러한 통제는 개인정보를 수집, 처리, 배포하는 자에게 의무를 부과하기도 하고 개인정보를 다른 국가에 이전할 수 없도록 제한하기도 한다.

18.1.5 암호 통제 규제

통제
암호 통제는 모든 관련 협약, 법규, 규제를 준수하며 사용하여야 한다.

구현 지침
관련 협약, 법규, 규제를 준수하기 위하여 다음과 같은 항목을 고려하여야 한다.
 a) 암호 기능의 수행을 위한 컴퓨터 하드웨어와 소프트웨어의 수입 또는 수출 제한
 b) 암호 기능을 추가하여 설계된 컴퓨터 하드웨어와 소프트웨어의 수입 또는 수출 제한
 c) 암호화 사용 제한
 d) 내용에 대한 기밀성을 제공하도록 하드웨어 또는 소프트웨어로 암호화한 정보에 국가 당국이 접근할 수 있도록 해주는 의무적 또는 자발적 기법

관련 법규와 규제의 준수를 보장하기 위하여 법적인 조언을 얻어야 한다. 암호화된 정보나 암호 통제가 사법권의 경계를 넘어서기 전에도 법적인 조언을 얻어야 한다.

18.2 정보보호 검토

> 목적: 조직의 정책과 절차에 따라 정보보호를 구현하고 운영하고 있음을 보장

18.2.1 정보보호 독립적 검토

통제

정보보호와 그 구현(예: 정보보호에 대한 통제 목적, 통제, 정책, 프로세스, 절차)에 대한 조직의 접근방법은 계획된 주기 또는 중대한 변경이 발생한 시점에 독립적으로 검토하여야 한다.

구현 지침

경영진은 독립적인 검토를 주도하여야 한다. 이러한 검토는 정보보호를 관리하기 위한 조직의 접근방법에 대한 적합성, 타당성, 효과성을 지속적으로 보장하기 위해 필요하다. 검토에는 개선의 가능성에 대한 평가와 정책 및 통제 목적을 포함한 보안에 대한 접근방법의 변경 요구를 포함하여야 한다.

검토는 대상 분야와 독립적인 인력(예: 내부 감사부서)이나 독립적인 관리자 또는 전문성을 지닌 외부 조직이 수행하여야 한다. 검토를 수행하는 인력은 적절한 기술과 경험을 가지고 있어야 한다.

독립적 검토의 결과를 기록하고 검토를 주도한 경영진에게 보고하여야 한다. 기록은 유지하여야 한다.

독립적 검토에서 문서화된 목적과 요구사항이 정보보호 정책에 명시한 정보보호 방침을 만족하거나 준수하지 않은 경우 등 정보보호 경영에 대한 조직의 접근방법과 구현이 부적절함을 식별하면 경영진은 시정 조치를 고려하여야 한다.

기타 정보

ISO/IEC 27007 "정보보호 경영시스템 심사에 관한 가이드라인"과 ISO/IEC TR 27008 "정보보호 통제의 감사자를 위한 지침"도 독립적 검토를 수행하기 위한 지침을 제공한다.

18.2.2 보안 정책 및 표준 준수

통제

관리자는 자신의 책임 영역 내에서 적절한 보안 정책, 표준, 기타 보안 요구사항에 대한 정보처리 및 절차의 준거성을 주기적으로 검토하여야 한다.

구현 지침

관리자는 정책, 표준, 기타 적용 가능한 규정에 정의된 정보보호 요구사항을 만족하는지 검토하기 위한 방법을 식별하여야 한다. 효율적인 주기적 검토를 위하여 자동화된 측정 및 보고서 작성 도구의

사용을 고려하여야 한다.
 검토 결과로 미준수가 발견되면 관리자는 다음과 같은 사항을 수행하여야 한다.
   a) 미준수의 원인을 식별한다.
   b) 준거성 달성을 위한 조치의 필요성을 평가한다.
   c) 적절한 시정 조치를 구현한다.
   d) 효과성 검증을 위하여 시정 조치를 검토하고 결함이나 취약점을 식별한다.
 관리자가 수행하는 검토와 시정 조치의 결과를 기록하여 유지하여야 한다. 관리자는 자신의 영역에서 이루어지는 독립적 검토의 수행자에게 결과를 보고하여야 한다.

기타 정보
 시스템 사용에 대한 운영 모니터링은 12.4에서 다루고 있다.

18.2.3 기술 준거성 검토

통제
 조직의 정보보호 정책 및 표준에 더한 정보시스템의 준거성을 주기적으로 검토하여야 한다.

구현 지침
 기술 준거성은 자동화된 도구의 지원을 통해 기술적인 보고서를 생성한 후 기술 전문가의 해석을 거치는 방식으로 검토되어야 한다. 다른 대안으로 경험이 풍부한 시스템 공학자가 수작업 검토(적절한 소프트웨어 도구의 지원도 가능)로 수행할 수도 있다.
 침투 시험이나 취약점 평가를 사용할 경우, 이러한 활동이 시스템 보안에 손상을 줄 수 있으므로 주의하여야 한다. 시험은 계획대로 수행하여 문서화하고 반복이 가능하여야 한다.
 기술 준거성 검토는 역량을 갖추고 승인된 인력이 수행하거나 이와 같은 인력의 감독 하에서 수행하여야 한다.

기타 정보
 기술 준거성 검토에서는 하드웨어 및 소프트웨어 통제가 정확하게 구현되었음을 보장하기 위하여 운영 시스템에 대한 조사가 이루어진다. 이러한 종류의 준거성 검토는 기술적인 전문성을 지닌 전문가를 필요로 한다.
 또한, 준거성 검토는 침투 시험과 취약점 평가 등을 포함하며, 이와 같은 목적을 위해 특별히 계약한 독립적인 전문가가 수행할 수 있다. 이러한 활동은 시스템 내의 취약점을 탐지하고 이 취약점으로 인해 발생하는 비인가 접근을 방지하는데 얼마나 효과적인 통제인지 조사하는 데 도움을 줄 수 있다.
 침투 시험과 취약점 평가는 특정 시간에 특정 상태에 있는 시스템의 스냅샷을 제공한다. 이러한 스냅샷은 침투 시도가 이루어지는 동안 실제로 시험된 시스템의 일부로 한정된다. 침투 시험과 취약점 평가는 위험 평가를 대체하지 않는다.

정보보안 관리체계 수립 및 인증
실무자를 위한 비법노트

발행일	2021년 11월 11일
저자	이재호, 권재욱
기획	(주)에이써티
주소	서울특별시 중랑구 신내역로3길 40-36, 신내데시앙플렉스 지식산업센터 A-709호
홈페이지	www.acerti.co.kr
문의	02-949-9553
메일	acerti@acerti.co.kr
편집	(주) 더 크리에이터스
주소	서울시 동대문구 안암로 86-1, 크리에이터스 스페이스 5층
홈페이지	www.thecreators.co.kr
ISBN	979-11-968866-9-1

본 책은 저작권법에 따라 보호받는 저작물이므로 무단 전재와 복제를 금합니다.